3040 성공 마인드 전략

나만의 품격으로 성공하라

3040 **성공 마인드 전략**

나만의 품격으로 성공하라

1판 1쇄 인쇄 ㅣ 2017년 08월 20일
1판 1쇄 발행 ㅣ 2017년 08월 25일

지은이 ㅣ 사뮤엘 스마일즈
옮긴이 ㅣ 김범례
펴낸곳 ㅣ 브라운힐
서울시 마포구 신수동 219번지
대표전화 (02)713-6523, **팩스** (02)3272-9702
등록 제 10-2428호

© 2017 by Brown Hill Publishing Co. 2017, Printed in Korea

ISBN 979-11-5825-038-6 03190
값 13,000원

자신의 가치를 더욱 돋보이게

Be sucessful in your dignity.

3040 성공 마인드 전략

나만의
품격으로
성공하라

사무엘 스마일즈 지음

김범례 옮김

인격의 힘은 재산보다 강하다. 인격을 갖춘 사람이 온갖 영예를 수중에 넣어도 부자처럼
다른 사람으로부터 그 명성을 시기 받지 않으며 절대적인 영향력을 가지고 있다.

브라운힐
BrownHillPub

　이 책의 원저자 사뮤엘 스마일즈(Sammuel Smiles)는 스코틀랜드에서 태어났다. 그는 의사가 되기 위해 병원에 근무하면서 에딘버러 의과대학에 다녔고, 졸업 후 고향에서 병원을 개업하였다. 그러나 의사로서의 직업에 만족하지 못하고, 글쓰기를 즐기다가 결국에는 철도국 서기로 근무하면서 신문에 글을 게재하기 시작하였다.

　그리고 그는 증기기관차를 발명한 스티븐슨의 전기를 쓴 것을 시작으로 프로 작가가 되었다. 그의 역작에는 〈자조론(Self-help)〉, 〈근검론(Thrift)〉, 〈정직론(Character)〉, 〈의무론(Duty)〉등이 있다.

　스마일즈가 이 책을 저술할 당시의 영국은 세계 최강의 나라로 정치, 경제, 문화의 중심지 역할을 하던 시기였다. 그리고 영국인들의 사고 방식도 자조정신을 바탕으로 스스로 개척하고, 근검절약을 생활화하던 때였다. 이런 배경에서 스마일즈의 저작물이 탄생한 것이다.

　현재 우리나라는 모든 분야에서 참으로 어려운 시기에 처해있다. 나는 이 고난을 이겨나가기 위한 지혜를 스마일즈의 책에서 빌려오자는 것이다. 이 책에서 일관되게 주장하는 '자조'란 열심히 일하고 스스로 자신의 운명을 개척하는 것이다. 다시 말해서 타인이나 국가에 의지하지 않는 것을 말한다. 이를 위해서는 근면이 가장 중요하다. 자신의 목표를 세우고, 그것을 이루기 위해 끊임없이 최선을 다하여 정진하는 것이다. 또한 이 책에서는 이러한 자조정신을 가지고 열심히 노력하여 성공한 사람들의 예를 보여주고 있다. 이런 점이 바로 이 책의 매력이며, 이 책이 전세계적으로 베스트셀러가 된 이유다.

다시 말하지만 성공을 한다는 것은 오로지 자기 자신에게 달려있다. 누구나 성공을 원하지만 그 달콤한 열매를 따는 것은 소수에 불과하다. 자신이 원한다고 해서 모든 일이 쉽게 이루어지는 것은 아니기 때문이다. 이는 끝까지 포기하지 않고, 꾸준하게 노력하는 사람에게만 그 영광이 돌아온다.

그리고 어느 누구도 당신에게 '이렇게 하면 성공한다' 라고 가르쳐주지 않는다. 그것은 자신 스스로 땀 흘려 배우고 익힘으로써 완전히 자신의 경험으로 만들어야만 하는 것이다. 오로지 자신의 힘으로 원하는 목적을 달성했을 때, 그 기쁨과 감동은 세상 어느 것보다도 값지고 위대하다.

아무쪼록 희망과 신념을 가지고, 이 책과 더불어 강한 인내로 성실하게 자신의 인생을 개척해 주기를 바라는 바이다. 이 책은, 어떠한 곤란이 닥쳐온다 해도 필시 자기를 질타, 격려하여 스스로의 연약함을 극복하기 위한 지주가 될 것이다.

차례

제 1장
인생은 자신만이
개척할 수 있다

1. 성공하고자 하는 자에게 길이 있다

자신의 삶은 스스로 개척해야 한다

"**하**늘은 스스로 돕는 자를 돕는다."

이 격언은 오랜 세월을 거치는 동안 수많은 경험을 통해 오늘날까지도 확실한 진리로 통하고 있다. 이러한 자조정신이야말로 우리가 진정한 성공을 이룩하기 위해서는 꼭 필요한 밑바탕이다. 그리고 한 나라의 국민 모두가 자조정신을 생활화한다면 그것은 활력 넘치는 강한 국가를 만드는 원동력이 되는 것이다.

자기 스스로 해결하려고 하지 않고, 타인의 도움을 받아서 문제를 풀어나가는 생활 방식은 인간을 나약하게 만든다. 스스로 자신을 도우려고 하는 정신이야말로 그 사람을 언제까지나 활기찬 생활을 하도록 격려하고 북돋아 준다.

따라서 남을 위해 잘 되라고 도움의 손을 내미는 것이 오히려 상대에게는 자립하고자 하는 마음을 잃게 하고, 나아가 그 필요성까지도 잊어버리게 함으로써 상대를 무력한 인간으로 만들 수도 있다.

자조정신은 정력적으로 활동하는 사람에게는 흔히 볼 수 있는 특징으로 그것이 국민 전체의 모습으로 굳어진다면 그 나라는 강력한 힘을 가진 선진국으로 평가받을 수 있는 올바른 척도가 된다.

어느 사회나 남보다 뛰어난 능력을 발휘하여 모든 사람의 존경을 받는 인물은 있다. 그러나 그만큼 존경받지도 못하거니와, 이름도 알려지지 않은 많은 사람들도 그 사회의 발전에 중요한 역할을 하고 있는 경우가 많다.

예를 들면 역사상의 큰 전쟁에서 후세에 이름을 남기는 것은 장군뿐이다. 그러나 실제로는 무수히 많은 병사의 용기 있는 행동과 희생을 바탕으로 승리를 얻은 것이지 장군 혼자의 힘으로 승리한 것은 아니다. 인생역시 전쟁과 같은 맥락으로 비유 할 수 있다. 한 사회 또는 국가에서도 이름 없는 병사들의 위대한 활동을 밑거름으로 해서 발전해왔다. 역사책에 이름을 남긴 행운의 위인과 마찬가지로 역사책에서 알려지지 않은 많은 인물들이 한 나라의 사회와 문화 발전에 많은 영향을 주고 있는 것이다.

중요한 것은 개개인이 열심히 일하고, 올바르게 살아감으로써 인생의 목적을 성실하게 추구해 가는 것이다. 그러한 모습을 주위에 몸소 보여주고 있는 사람들도 많다. 그러한 사람들이 현재 지위나 권력이 아무리 하찮은 것이라 할지라도 오늘 우리 사회는 말할 것도 없고, 미래의 사회 번영에 크게 기여하고 있다. 다시 말해서 그들의 생활과 인생관은 주변 사람의 생활에 영향을 주어, 후손들에게 이상적인 인간상으로서 비쳐지고, 은연중에 그러한 모습을 본받기 때문이다.

무슨 일이든 활발하게 활동하는 사람은 다른 사람의 생활이나 행동에 영향을 주게 된다. 그것이야말로 가장 실천적인 교육의 모습이다. 그러한 것에 비하면 학교 교육은 기초를 가르쳐 주는데 불과하다. 오히려 사회생활에서의 산 교육이 훨씬 효과가 높다고 할 수 있다. 가정이나 거리에서, 시장과 공장과 농가에서 그리고 사람이 모이는 곳이라면 어디나 매일 이러한 살아 있는 생활 교육은 실천되고 있다.

이것이 사회의 일원으로 되기 위한 교육의 완성인 것이다. 이것을 독일의 극작가 실러[1]는 '인류의 교육'이라 했다. 실제로 체험할 수 있는 일을 배우면서 인간성을 연마하고 극기심을 키울 수 있다면 사람은 올바른 규율을 익혀 스스로의 의무와 일을 잘해나갈 수 있게 된다. 이와 같은 교육은 책에서도 배울 수 없고, 학교의 단순한 수업에서도 얻을 수 없다.

또한 베이컨[2]은 이렇게 말하고있다.

"어떤 학문이나 연구도 그것 자체를 어떻게 사용하면 될 것인가에 대해서는 가르쳐 주지 않는다. 단순히 학문을 위한 학문으로 끝나는 것이다. 한편 현실 생활을 잘 관찰하면 학문에 의하지 않고도 학문보다 우수한 지혜를 익힐 수 있다."

이 말에는 현실 생활에서 지혜를 배우고자 하는 의미가 올바르게 표현되어 있다. 게다가 지성을 계발하려면 무엇이 필요한가를 정확히 파악하고 있다.

올바른 교육이란 학문이 아니라 바로 생활, 그 자체이며 행동하는 것이고, 위대한 사람의 성공담이 아니라 그 사람의 성공적인 삶의 과정인 것이다. 따라서 뛰어난 인물의 성공담에는 확실히 배울 점이 많고 살아가는 지침으로서, 또 마음을 북돋아주는 양식으로서 도움이 된다. 훌륭

---

1) Schiller, Johann Christoph Friedrich von 1759~1805 독일 시인, 극작가, 철학자 희곡 「빌헬름 텔」지음
2) Bacon, Francis 1561~1626 영국의 철학자, 정치가, 문학자, 데카르트와 함께 '근세 철학의 아버지'라고 일컬어짐. "지식은 힘이다."라는 유명한 격언을 남김

한 인간성을 가진 인물은 자조 정신과 목적을 향해 한 방향으로 매진하는 추진력, 끊임없이 추진할 수 있는 인내력 그리고 평생 변하지 않는 성실성을 겸하여 갖추고 있다.

이러한 성공담은 위대한 사람의 생애를 알기 쉬운 말로 전하고 우리가 목표를 이룩하려면 무엇이 필요한 가를 확실히 보여 준다. 또 주인공이 불우한 환경에서 뜻을 세워 명예와 명성을 얻을 때까지의 흐름을 생생하게 묘사하고, 독자에게 자존심과 자신의 중요성을 느끼게 해준다.

과학 분야든 문학이나 예술의 분야든 위인이라 찬양 받는 인물은 특정한 신분과 계층에 속해 있는 것이 아니다. 대학을 나온 사람도 있고, 어렸을 때부터 일을 한 사람도 있다. 가난한 오두막에서 태어난 사람이 있는가 하면 부잣집에서 태어난 사람도 있다.

매우 가난하게 자랐음에도 불구하고 결국에는 최고의 지위에 올라간 인물의 예를 보면 아무리 혹독하고 극복하기 어려운 장애물도 인간이 성공하는 데 있어서는 충분히 해결할 수 있음을 알 수 있다. 대부분의 경우 이와 같은 고난은 반대로 사람들에게 도전 할 수 있는 욕망을 일으키기도 한다. 요컨대 가난을 극복하고 성공하려는 의욕도 일어날 것이고, 고난에 직면하지 않았으면 자신에게 있었는지도 모를 가능성도 모른 채 평범한 삶을 살았을지도 모른다.

이와 같이 장애를 극복하고 승리를 얻은 사람의 예는 많다. 그것은 '한 뜻으로써 만사를 이룩할 수 있다.' 라는 격언을 멋지게 증명하고 있다.

*성공은 결과이지 목적은 아니다. - 플로베르(1821~1880 프랑스의 소설가)
*하늘은 스스로 돕는 자를 돕는다. - 스마일즈(1812~1904 영국의 사상가)

2. 만약 내가 부유했다면 지금의 나는 없다

가난을 장해가 아니라 오히려 기회로 만들어라

몇 가지 예를 들어 보자.

리차드 아크라이트[3]는 다축 방적기를 발명하여 면 공업 발전의 기초를 구축했다. 그러나 그는 일개 이발소 직원에서 노력하여 그 지위에 오른 것이다.

셰익스피어[4]가 극작가로 이름을 떨치기 이전의 직업에 대해서는 지금까지 분명하지 않다. 그러나 천한 신분의 출신이라는 것만은 의심의 여지가 없다. 아버지가 가축도살과 목축업을 하고 있었기 때문에 셰익스피어도 젊었을 때는 양털을 빗어주는 일을 했었다고 전해진다. 또 학교 수위로 일하다가 후에 공증인 밑에서 서기로 근무했었다고도 한다.

실제로 셰익스피어는 한 개인의 인격뿐만 아니라 여러 종류의 인간상에 대한 성격을 동시에 가지고 있었던 것 같다. 작품 중에 나오는 선원 용어가 너무나 정확하기 때문에 배에 상세한 작가 중 한 사람은 셰익스

---

3) Arkwright, Richard 1732~1792 영국의 방적기계 발명가, 면방적 공업의 창시자
4) Shakespeare, William 1564~1616 영국의 시인, 극작가, 4대 비극인 「햄릿」, 「리어 왕」, 「맥베드」, 「오델로」와 「로미오와 줄리엣」등 많은 작품을 지음

피어가 선원이었음에 틀림없다고 주장한다. 어떤 성직자는 셰익스피어의 작품을 증거로 삼아서 그가 전에 성직자였다는 것을 증명하려고 했다. 한편으로는 옛날에는 말을 취급하는 장사를 하였다고 단정하는 사람도 있다.

이런 의미에서 셰익스피어는 확실히 명배우이며 그 인생을 통해서 다양한 삶의 역할을 맡아 왔다고 할 수 있을 것이다. 게다가 넓은 분야에서 경험한 관찰을 쌓고 거기서 경탄할 만한 많은 학식을 얻은 것이다. 그는 무슨 일에든 주의 깊게 배우고 열심히 일을 하였음에 틀림없다. 때문에 오늘날까지 그의 작품은 우리의 성격 형성에 강한 영향을 주고 있는 것이다.

천문학의 발전에 크게 공헌한 사람들 중에서도 가난한 집에서 성장하여 결국에는 크게 성공한 예는 많다. 코페르니쿠스[5]는 폴란드의 빵집 아들로 태어났다. 케플러[6]는 독일의 선술집의 아들로 태어나 종업원으로도 일했다. 또 달랑베르[7]는 겨울 밤에 파리의 성장르론(St. Jean Le Rond) 교회의 돌계단에서 주어다 기른 아이로, 양부모 손에서 자랐다. 그의 이름도 그 성당 이름에서 따온 것이다. 뉴턴[8]은 영국의 작은 농가의 아들이었다.

그들은 모두 어렸을 때의 역경에도 굴하지 않고 타고난 성품을 발휘해서 영원한 명성을 떨친 것이다. 이와 같은 명성은 세계의 어떤 재산보다도 값진 것이다. 부자라는 환경은 가난한 환경보다 인간의 성공적인 삶에 있어서 오히려 장애가 되는 경우가 많다.

라그란쥬[9]의 아버지는 이탈리아의 공무원이었는데, 투기에 손을 대었다가 신세를 망치고 말았다. 그러나 만년에 이르러 라그란쥬가 명성과 행복을 얻을 수있게 된 것도 이러한 실패의 고통스런 처지에 놓이게 되었던 덕분이라고 회상하고 있다.

"만약 아버지가 실패하지 않고 부유한 환경에서 자랐다면 편안한 삶을 살았을지는 몰라도, 아마 수학자가 되지는 못했을 것이다."라고 말했다.

장미와 백일홍

어느 아름다운 꽃밭에, 장미와 백일홍이 어깨를 나란히 하고 사이좋게 피어 있었습니다. 백일홍은 장미를 몹시 부러워하며,

"오, 장미님. 당신의 모습은 너무나 아름답습니다. 게다가 그 아름다운 모습으로 모든 사람들을 즐겁게 하니, 당신은 과연 꽃 중에서 가장 행복한 꽃이에요."하고 말하자, 장미는 이렇게 대답하였습니다.

"백일홍님, 스스로 만족하세요. 저의 아름다움은 극히 짧은 시간동안만 피어난답니다. 그러나 백일홍님은 백 일 동안이나 아름다움을 자랑할 수 있지 않습니까."   — 이솝우화 중에서

---

5) Copernicus, Nicolaus 1473~1543 폴란드의 천문학자, '지동설'을 주장함
6) Kepler, Johannes 1571~1630 독일이 천문학자, '지동설'을 증명. 〈케플러의 3법칙〉정리
7) D' Alembert, Jean Le Rond 1717~1783 프랑스의 철학자, 수학자, 물리학자
8) Newton, Sir Isaac 1642~1727 영국의 수학자, 물리학자, 천문학자, 〈만유인력의 법칙〉 발견
9) Lagrange, Joseph Louis 1736~1813 이탈리아 태생의 프랑스 수학자, 천문학자

3. 사람의 능력을 정하는 최선의 노력

배우고, 익히는 것이 성공을 위한 첫걸음이다

사람의 우수함과 열등함은 그 사람이 자신의 일에 최선을 다해서 노력해 왔는가에 따라서 정해진다. 게으름뱅이는 어떤 분야에서든 우수한 업적 같은 것은 도저히 이룰 수 없을 것이다. 몸을 아끼지 않고 배우고 일하는 것만이 자신을 단련하고 지성을 향상시켜, 자신의 분양에서 성공하는 길인 것이다.

또 선천적으로 아무리 막대한 부를 물려받고, 높은 지위를 약속 받았다 해도 위대한 명성을 얻으려면 본인이 끊임없이 노력하는 길밖에 없다. 땅은 부모로부터 많이 물려받을 수 있을지 모르지만 지식이나 인격은 그렇게 되지 않는다. 그리고 부자는 남에게 돈을 지불하여 자신을 위해 일하게 할 수는 있지만, 자신의 인생을 대신 살아 줄 수는 없는 것이다.

어떤 분야에서도 목표를 향해서 힘껏 노력하지 않으면 훌륭한 업적을 올릴 수 없다. 이 점을 우리는 명심해야 할 것이다. 어느 시대나 우리 사회는 빈곤에서 시작하여 성공한 사람들에게서 많은 가르침을 받아왔다. 그 점을 생각하면 인간의 최고 교육에는 부유한 재산과 높은 지위가 필수라는 말은 잘못된 것이다. 안락하고 사치스런 생활은 험한 일을 극복할 힘을 주지 않는다. 오히려 삶의 투지마저 잃어버리게 한다.

이런 의미에서 가난은 결코 불행이 아니다. 강한 자조정신만 있으면 가난은 오히려 인간에게 있어서 유리한 점으로 변한다. 가난은 인간을 일어서게 하고 사회에 대한 도전과 성취하고자 하는 욕구를 불러일으킨다. 사회에는 안락을 얻기 위해 자신을 타락시키는 사람도 있다. 그러나 진지하고 성실한 마음을 잃지 않은 사람은 자신을 타락시키지 않고도 틀림없이 큰 승리를 거두게 될 것이다.

베이컨은 다음과 같이 말하고 있다.

"사람은 자신이 갖고 있는 물질적 재산도, 자신의 능력도 바르게 이해하지 못하고 있다. 물질적 재산에 대해서는 필요 이상으로 훌륭한 것이라고 믿는 반면, 인간의 능력은 그다지 위대한 것이라고 생각하고 있지 않다. 자신의 물질적 재산을 부정하고 스스로의 능력을 신뢰할 수 있는 사람만이 자신의 물통에서 물을 마시고, 자신의 빵을 먹는 방법을 배운다. 즉, 인간으로서 정당하게 살아가는 방법을 배우고, 자신이 옳다고 생각하는 것을 다른 사람에게도 실천하도록 몸소 행하는 것이다."

물질적 재산은 사람을 안일하고 자기 위주의 생활로 강하게 유혹한다. 게다가 우리 인간은 선천적으로 이와 같은 유혹에는 대단히 약하다. 때문에 물질적으로 풍부한 가정에서 어린 시절을 보냈으면서도, 그 시대에 중요한 역할을 할 수 있는 사람, 즉 쾌락에 가득찬 생활을 경멸하고 매일을 근면하게 산 사람이야말로 한층 더 존경받을만한 가치가 있다고 할 수 있다.

* 희망은 사람을 성공으로 인도하는 신앙이다. - 헬렌 켈러(1880~1960 미국의 저술가)
* 사람은 운명을 스스로 만든다. - 코르넬리우스 네포스(99B.C.~24B.C. 그리스의 작가)

4. 지금도 늦지 않았다

헛되이 보내는 시간만큼 성공에 이르는 길은 멀어진다

사람들은 누구나 '시간은 귀중하다.' 라고 말을 쉽게 한다.

그러나 그 귀중한 시간을 소중하게 사용하는 사람은 쉽게 찾아볼 수 없다. 시간을 물 쓰듯 하는 사람도 흔히 말하기를 시간은 그야말로 중요하다느니, 어물어물 하다가는 눈 깜짝할 사이에 지나가 버린다는 등의 말을 쉽게 한다. 확실히 시간에 관한 격언은 흘러넘칠 정도로 많아서 그것들을 적당히 주워 입에 담기는 간단한 일이다.

사람들이 이렇게까지 시간에 흥미를 가지게 된 것은 유럽의 이곳저곳에 설치된, 근사하게 생긴 해시계의 영향을 받았기 때문이 아닐까? 사람들은 날마다 그것을 보고서 시간을 효율적으로 활용한다는 것이 얼마나 중요하며, 일단 잃어버린 시간을 되찾기란 얼마나 힘든 것인가를 실감하고 있는 것이다.

그러나 이러한 가르침도 단순히 이해하는 것만으로는 충분하지 못하다. 실제로 남을 가르칠 수 있을 정도의 경험을 가지고 있지 못하면, 정말로 시간의 가치를 이해하고 사용방법을 알고 있다고는 말할 수 없다.

사람들의 업적이나 명성은 그 사람 자신의 성취하고자 하는 의욕과 더

불어 근면에 힘입은 바가 크다. 그러나 동시에 인생의 여정에서는 다른 사람으로부터의 도움도 실로 중요한 의미를 갖는다.

영국의 시인 워즈워드[10]는 그 점을 이렇게 말한다.

"의존심과 독립심, 다시 말해서 타인에게 의존하는 것과 자신에게 의존하는 것. 이 두 가지는 언뜻 보기에 모순된 것처럼 생각된다. 그러나 이 두 가지는 서로 맞물려 있어 따로 떨어져서는 존재하지 않는다."

우리는 모두 어렸을 때부터 노년에 이르기까지 어떤 형태로든 다른 사람으로 인해 영향을 받으며 자라게 되고, 그 가르침을 받고 있다.그리고 훌륭하고 유능한 사람일수록 자신이 다른 사람으로부터 영향을 받고, 가르침을 받는 등의 도움을 받았다는 것을 감추려 하지 않는다.

한 예로 프랑스의 정치가 알렉시스 드 토크빌은 유복한 가정에서 태어났다. 아버지는 명문 귀족 출신이고, 어머니도 유명한 정치가 집안의 손녀딸이었다. 이와 같은 집안을 배경으로 토크빌은 22세의 젊은 나이에 배석 판사로 임명된다.

그러나 토크빌은 이 직위가 자신의 능력에 의해서 정당하게 얻어진 것이 아니라고 느끼고는 곧 그 직위를 물러나서 혼자 힘으로 자신의 미래를 개척하려고 결심한다. '어리석은 생각을 했다.' 라고 비난하는 사람도 있었지만 그는 뜻을 굽히지 않았다.

판사직에서 물러난 후, 토크빌은 프랑스를 떠나 미국을 여행해 돌아다닌다. 그리고 이때의 경험을 토대로 명저 『미국 민주제론』을 발간한다.

토크빌과 미국 여행을 함께 했던 친구는 여행 중에서도 꾸준히 학문에 정진하는 토크빌의 자세에 대해서 다음과 같이 기술하고 있다.

10) Wordsworth, William 1770~1850 영국의 계관시인

"토크빌은 게으름과는 정반대 성질의 소유자였습니다. 휴식 시간에도 언제나 연구를 생각했습니다. 그에게 있어서 제일 즐거운 대화란 제일 도움이 되는 대화를 말하는 것입니다. 아무 일도 하지 않고 지낸 하루는 최악의 하루였다고 말하며, 조그만 시간의 낭비도 그를 초조하게 만들어 버리는 것이었습니다."

토크빌 자신도 친구 앞으로 보낸 편지에 이렇게 쓰고 있다.

'인생에는 발을 멈추고 쉬는 시간 같은 것은 없습니다. 다른 사람으로부터 하나라도 더 배우려면 스스로 최선의 노력을 다하는 자세가 필요한 것입니다. 그것은 젊었을 때는 말할 것도 없고, 어느 정도 성공한 사람에게도 적용되는 것입니다. 인간은 극한의 땅을 지향하여 쉬지 않고 나아가는 나그네와도 같습니다. 목적지에 가까워지면 가까워질수록 나그네는 걸음을 재촉해야 합니다. 거기서는 추위야말로 나그네의 정진에 있어서 최대의 장애물이 됩니다. 이 무서운 적에게서 몸을 지키기 위해서는 끊임없이 생각함과 동시에 행동으로 실천하는 자세가 필요한 것입니다.'

토크빌은 '자신의 능력을 신뢰하고 정력적으로 일할 것. 이 인간에 있어서 꼭 필요한 것이다.' 라는 생각을 가지고 있었다. 또 한편으로는 다른 사람으로부터 배우는 것이 얼마나 귀중한 것인가에 대해서도 누구보다 깊이 깨닫고 있었다. 자신보다 잘난 사람이든, 그렇지 않은 사람이든 다른 사람에게서 배울 점은 반드시 있는 것이다.

때문에 그는 친구들로부터 받은 우정에 대해서 깊이 감사하고 있다. 그의 친구들은 지식 면뿐만 아니라 정식적 지원과 우정을 함께 제공했다. 토크빌이 친구들에게 보낸 편지에는 이렇게 써 있다.

'내가 신뢰하고 있는 것은 자네 한 사람뿐이다. 자네는 나의 정신에 진정한 의미에서 영향을 주고 있다. 확실히 일상생활에서 자질구레한 문제에서는 여러 사람의 도움을 받고 있지만 내 생각의 근본이나 행동의 지침에 대해서 자네만큼 큰 영향을 준 사람은 없다.'

또 토크빌은 아내에 대해서도 결코 감사의 마음을 잊지 않았다. 그녀의 인내와 배려가 있었기 때문에 그는 자신의 연구를 시종일관 계속할 수 있었던 것이다. 남편을 믿고, 말없이 따라주는 고결한 인격의 아내는, 그녀가 알아채지 못하는 사이에 남편의 품성을 높이지만, 그렇지 못한 비천한 마음의 아내는 결국 남편을 타락시킨다고 토크빌은 믿고 있었다.

결국에는 인간의 성질은 눈에보이지 않는 무수한 것에 의해서 형성된다. 선배나 고금의 격언, 인생에 있어서 체험이나 책, 친구나 이웃, 현재의 사회나 선조들의 지혜, 이 모든 것에서 큰 영향을 받고 있다. 그리고 마찬가지로 분명한 것이 또 하나 있다. 그것은 자신의 행복이나 성공에 대해서는 어디까지나 자기 자신이 책임을 지지 않으면 안 된다는 점이다.

아무리 훌륭하고 현명한 사람이라도 확실히 다른 사람으로부터 큰 영향을 받고 있다. 그러나 본래의 모습에서 말한다면 우리는 스스로가 자신에 대해서 최선의 노력을 다하지 않으면 안 되는 것이다.

5. 대기만성으로 성공한 사람들에게 배워라

성공은 끝까지 포기하지 않은 사람에게 돌아간다

세계를 움직이고 사회적으로 인정받는 지위에 오른 사람은 하늘의 운을 타고난 것이 아니라 자신의 목표를 향해서 끊임없이 착실하게 노력하는 사람이다.

위대한 천재는 대부분의 경우 확실히 어린 시절부터 두각을 나타냈다. 그러나 어렸을 때 아무리 영리했다 해도 그것이 바로 정상에 도달한 것은 아니다.

일찍이 놀라울 정도로 영리했던 아이들, 늘 선두에서 무엇인가에 대해서 표창 받고 있던 소년들, 그들이 현재 어떻게 되어 있을까? 졸업 이후의 인생을 추적 조사해 보면 성적도 나쁘고 게으름뱅이였던 학생 쪽이 우등생을 앞질러 있는 경우가 많다.

영리한 학생은 학교에서는 높이 평가된다. 그러나 남보다 이해가 빠르고 재능이 있기 때문에 획득한 학업적 능력이 반드시 실제 사회생활에 도움이 된다고 말할 수는 없다.

진짜 중요한 가치가 있는 것은 오히려 차분하고 끊임없는 마음으로 최선의 노력을 다하는 학생 쪽이다. 선천적인 능력은 뒤떨어져도 최선을 다해서 노력하는 학생이야말로 누구보다도 더 격려해야 할 것이고 용기를 북돋아주어야 할 것이다.

소년 시절은 유명한 열등생이었지만, 후에 자신의 노력으로 뛰어난 활약을 한 인물은 많다.

화가 피에트로 데 콜트너는 실로 우둔한 아이로 '노새 대갈'라는 별명이 붙어 있었다. 시인 토마스 기디도 '얼간이 톰'이라 불려졌는데 열심히 노력한 결과 후에는 탁월한 명성을 얻게 된다.

학생 시절 뉴턴의 성적은 끝에서 두 번째였다. 어느 날, 그는 자기보다 머리가 좋은 학생의 발길에 채였는데 용기를 내서 그 학생과 싸움을 걸어 이겼다. 이제부터 뉴턴은 싸움뿐만 아니라 학업 면에서도 그 상대에게 이기려고 결심하고 열심히 공부하기 시작하여 결국 반에서 일등으로 껑충 뛰어 올랐다고 한다.

성직자들 중에도 어렸을 때는 열등한 쪽에 속했던 사람이 많았다. 예를 들면 아이작 바로는 학창시절부터 지기 싫어하고 걸핏하면 싸우려 들었다. 그의 행동은 부모님에게도 슬픔거리였는데, 아버지는 '신이 내 아이들 중의 누군가를 데려가 준다면 제일 가망이 없는 아이작을 데리고 가주었으면 좋겠다.'라고까지 바라고 있을 정도였다.

극작이나 정치의 분야에서 천재의 이름을 떨쳤던 셰리던[11]도 소년 시절에는 보통 아이들보다도 못했다. 어머니는 그를 가정교사에게 소개할 때 '감당할 수 없는 얼뜨기지만'이라고 일부러 덧붙여 말했다고 한다.

시인 월터 스코트도 학업은 애당초 틀렸고 싸움만 좋아하는 소년이었다. 에딘버러 대학 입학 후에도 '그는 현재로서도 열등생이고, 그건 앞으

---

11) Sheridan, Richard Brinsley 1751~1816 영국의 극작가, 정치가

로도 변하지 않을 것이다.'라는 교수도 그에게는 실망한 형편이었다.

군인 출신의 정치가인 로버트 클라이브도 젊었을 때는 낙오자였다. 다만 그는 나쁜 짓이나 장난을 할 때에만 왕성한 활동력을 발휘했다. 그가 배를 타고 마드리드로 가게 되자 애물을 떼어버리게 되었다고 가족들은 크게 기뻐했다. 그러나 클라이브는 그 항해를 계기로 자신이 살아가야 할 방향을 찾았고 결국 인도에서 큰 활약을 했고, 성공한 사람으로 칭송받기에 이르렀다.

나폴레옹[12]도 우둔한 소년으로 학교에서는 눈에 띄지 않는 학생이었다고 한다. 나폴레옹의 어린 시절을 알고 있는 한 공작부인은 "몸만 튼튼했고 그 이외는 다른 학생들과 조금도 다를 게 없었어요."라고 기술하고 있다. 미합중국 총사령관 유리시즈 그란드는 자신의 어머니로부터도 '쓸모없는 그란드'라고 불리우고 있었다. 그 정도로 멍청하고 재주가 없는 소년이었던 것이다.

또 리 장군[13]의 오른팔로 제일 신뢰받던 부관인 스턴월 젝슨도 젊었을 때는 주위에서 게으름뱅이로 통하고있었다. 웨스트 포인트 육군사관학교에 입학하고도 머리의 회전은 여전히 느렸지만 그만큼 보통 이상으로 끈기있게 면학에 노력했다. 숙제를 내주면 대충하지 않고 완전히 이해할 때까지 도전했다. 또 아는 체하지도 않았다. 한 친구는 당시의 젝슨에 대해서 다음과 같이 말하고 있다.

"그 날의 암기 문제에 대해서 교관이 질문을 하자. 그는 언제나 '그 문제는 아직 손을 대지 않았습니다. 어제와 그저께 과제를 다 이해하는 것

---

12) Napoleon I, Bonaparte 1769~1821 프랑스의 장군, 황제(재위기간 1804~1815)

13) Lee, Richard Edward 1807~1870 미국의 군인, 교육자 남북전쟁 당시 남군사령관

만도 벅찼으니까요.'라고 대답하고 있었습니다."

이렇게 해서 잭슨은 70명 중 17위로 졸업했다. 입학 당시 성적은 최하위였을 테니까. 53명의 학생을 앞지른 셈이다.

"학교가 4년제가 아니라 8년제였다면 그는 틀림없이 수석으로 졸업했을 것이다."라고 동기생들은 입을 모아 말하고 있다.

자선사업가인 존 하워드[14]도 열등생의 전형으로 학교에 있던 7년 동안 공부다운 공부는 하나도 하지 못했다. 발명가 스티븐슨[15]이 젊었을 때 뛰어난 점이라면 포환던지기와 레슬링에 열중했고 공작에 열심히 몰두하고 있던 정도였다. 저명한 화학자 험프리 데이비[16]만해도 다른 소년에 비해서 그다지 영리했던 것은 아니다.

"내가 담임이었던 당시 능력면에서는 그다지 우수하다고는 생각하지 못했다."라고 은사는 회상하고 있는데, 데이비 자신도 훗날 "학교에서 게으름 피우며 놀았던 것이 오히려 다행이었다."라고까지 기술하고 있다.

발명가 와트[17]에 대해서는 조숙했다는 이야기가 사실인양 전해지고 있지만 사실은 그도 학업에서 신통치 않았다. 그러나 그는 인내라는 뛰어난 장점을 가지고 있었다. 이 끈기와 서서히 싹튼 발명의 재능 덕분에 결국 그는 증기기관을 완성하기에 이른 것이다.

* 고귀한 인물은 자기 운명을 탓하지 않는다. - 쇼펜하우어(1788~1860 독일의 철학자)
* 공(公)은 이루기 어렵고, 패(敗)하기 쉬우며, 때(時)는 얻기 어렵고 놓치기 쉽다.
― 사마천(145 B.C.~86 B.C. 중국의 역사가)

---

14) Howard, John 1726~1790 영국의 교도소 개량운동가, 자선사업가
15) Stephenson, George 1781~1848 영국의 발명가, 증기기관차 발명 '철도의 아버지'라 불림
16) Davy, Sir Humphry 1778~1829 영국의 화학자
17) Watt, James 1736~1819 영국의 발명가, 기계기술자, 증기기관 발명가

6. 견실한 노력이 최후에는 승리한다

거북이가 토끼를 이길 수 있는 것은 끊임없는 노력 때문이다

'우등생 소년과 열등생 소년과의 차이는 재능보다 오히려 활동력의 우열에 따라서 정해진다.' 라는 말이 있는데 이것은 누구에게도 적용된다.

끈기와 활력은 처음에는 다른 사람[18]으로부터 강제에 의해 억지로 행하다가 차츰 본인의 습관으로 몸에 익히게 된다. 꾸준히 노력하는 열등생은 싫증을 잘 내는 우등생을 분명히 앞지를 것이다. 지금 당장은 늦은 것처럼 보여도 꾸준하고, 착실하게 걷는 사람이 최후 경쟁에서는 반드시 승리할 것이다.

학교에서의 순위와 실제 인생에서의 순위가 완전히 바뀌는 예는 많다. 학생 시절에는 머리가 영리했던 학생이 후에는 평범한 인생에 묻히고 만다. 그런 한편, 아무 것도 기대하지도 못했던 열등생이 착실히 노력한 덕분에 이윽고는 남의 위에 올라서게 된다. 이상한 현상이지만 그 이유를 푸는 열쇠는 당사자의 끈기 있는 노력의 차이에 있다.

---

18) 여기서 다른 사람이란 최초 부모로부터, 학교 선생님, 사회 지도층 인사 등 직접, 간접적으로 영향을 미치는 모든 사람을 뜻한다.

필자의 소년 시절, 같은 클라스에 열등생의 본보기와 같은 남학생이 있었다. 교사는 교사대로 그의 성적을 올리려고 노력을 했지만 전혀 효과가 없었다. 체벌을 주어도, 꾸짖어도, 달래봐도 전혀 통하지 않았다. 결국 교사는 손을 들어 버렸고, 그 중 한 사람은 '터무니없는 큰 멍청이'라고까지 불렀다.

그런데 이 열등생은 머리 회전은 둔했지만, 우직하다고 할 정도로 굳은 의지력을 갖추고 있었다. 그리고 성장함에 따라 이 장점이 차츰 싹트기 시작했다.

결국 그는 사업가로서 성공하였고 그 무렵 예전의 그 무렵 예전의 클라스 메이트의 어느 누구보다 훨씬 우수한 인물로 세상에 이름을 떨치게 되었다. 그 후 그는 고향의 시장으로서 훌륭하게 활약했다고 한다.

걸음걸이가 느린 거북이도 올바른 길만 가면 잘못된 길을 가는 경쟁상대에게 이길 수 있는 것이다. 때문에 열심히 노력만 하고 있으면 진보가 늦어도 걱정할 필요는 없다.

젊었을 때 영리한 것은 오히려 결점이 될 수도 있다. 무엇이든 솜씨 좋게 기억하는 아이는 그만큼 잊어버리기도 빠르고 인내와 노력이라는 자질을 연마하려고도 않는다.

그런데 실제로는 인내와 노력이야말로 우수한 인격 형성에 제일 중요한 요소이다. 그리고 그다지 성적이 좋지 않은 아이쪽이 오히려 이 미덕을 싫든 좋든 몸에 익히게 된다.

"오늘의 나를 구축한 것은 오로지 내 자신의 힘이다."라고 데이비는 말하고 있는데 이 말은 바로 보편적인 진리를 알아 맞추고 있는 게 아닐까.

* 인간은 기회를 발견하려고 노력하는 동시에 스스로 그것을 만들어 내기도 해야 한다.
－ 스마일즈(1812~1904 영국의 사상가)
* 과거는 모두 잊어버렸다. 나는 미래만을 보고 있다.
－ 에디슨(1847~1931 미국의 발명가)
* 짧은 인생은 시간 낭비로 인해 더욱 짧아진다.
－ 사무엘 존슨(1709~1784 영국의 문학가)

제 2장
최고의 인생을 만들기 위하여

1. 오늘 1분은 내일 1시간을 만든다

무엇이든 하라, 지금 이 시간은 다시 오지 않는다

부와 재물을 제대로 사용할 줄 아는 사람은 드물다. 그러나 그 보다도 시간을 현명하게 사용하는 사람은 더 적다. 그리고 시간을 현명하게 사용하는 것이 부와 재물을 제대로 사용하는 것보다 더욱 중요한 것은 말할 필요가 없다.

대개 젊었을 때는 시간은 충분히 있다거나, 아무리 낭비해도 없어지는 일이 없다고 생각하기 쉬운 법이다. 하지만 그것은 막대한 재산을 한 순간에 모두 탕진해 버리는 것과 같은 것이다. 그러므로 시간의 소중함을 깨달았을 때는 이미 때를 놓치고 어찌할 수 없는 상태가 되어 있는 경우가 많다.

"1펜스를 우습게 여겨서는 안 된다. 1펜스를 비웃는 자는 1펜스에 운다."라는 말이 있다. 이것은 진리라고 생각한다.

이것은 그대로 시간에도 적용되는 것이 아닐까? 1분을 웃는 자는 1초에 울게 된다. 그러므로 10분이든 15분이든 함부로 소홀히 하지 않도록 해야 한다. 10분이나 15분이라고 해서 우습게 보다가는 하루에 몇 시간을 함부로 낭비하게 된다. 그것이 1년 모이면 이미 적지 않은 상당한 시간이 될 것이다.

가령 12시에 어디서 누군가와 만나기로 약속을 했다고 가정하자. 집에서 11시에 나와 약속 시간 전에 두세 곳을 방문하려고 한다. 그런데 그 중에서 누군가가 자리에 없었다면, 당신은 어떻게 하겠는가? 찻집에 들어가서 시간을 보낼 것인가, 아니면 거리를 배회하며 시간을 보낼 것인가?

세상에는 할 일 없이 빈둥빈둥 시간만 보내는 사람이 많이 있다. 커다란 의자에 기대앉아 하품을 하면서, "무엇인가를 시작하려면 아무래도 시간이 모자라고."라고 운운한다. 그러나 이러한 사람은 실제로 시간이 충분히 있다고 하더라도 무엇인가 시작하는 일은 없다. 결국 아무것도 하지 못하고 시간을 허비해 버린다. 불쌍한 사람이라는 말밖에는 더 할 말이 없겠다. 아마도 이러한 사람은 공부를 하거나 일을 하더라도 결코 성공하는 일은 없을 것이다.

앞으로 몇 년이, 아니 몇 시간이 당신의 일생에 얼마나 큰 의미를 갖는지를 생각해 보라. 그걸 생각한다면 단 한 순간도 소홀히 할 수 없을 것이다. 그렇다고 해서 온종일 책상 앞에 달라붙어 있으라는 말은 아니다. 그렇게 하라고 권할 생각도 없다. 다만 무엇이든 좋으니 무엇인가를 하고 있다는 그 사실이 중요하다는 것이다. 겨우 20분, 30분이라고 해서 가볍게 생각하고 아무것도 하지 않으면 1년 후에는 큰 손실을 보게 된다.

이를테면, 하루 중에서도 공부시간과 놀이시간 사이에 잠깐의 빈 시간이 몇 번쯤은 있을 것이다. 그럴 때, 우두커니 앉아서 하품이나 하고 있어서는 안 된다. 무슨 책이든 좋으니 가까이 있는 것을 집어 읽는 것이 좋다. 비록 만화책과 같은 하찮은 책이라도 좋다. 아무것도 읽지 않는 것보다는 나을 것이다.

2. 짧은 시간을 최대한 이용하라

당신이 활용하는 시간만큼 지혜로워진다

내가 아는 사람 가운데 시간의 사용법이 매우 효과적이어서 사소한 시간이라도 헛되게 보내지 않는 사람이 있다. 좀 지저분한 이야기지만, 이 친구는 화장실에 들어가 있는 얼마 안 되는 시간까지 알차게 이용해 한 달 만에 고대 로마의 역사 이야기를 조금씩 읽어서 끝내는 독파했다고 한다. 이런 방법으로 인문, 교양, 실용서 들을 닥치는 대로 독파해 나간다고 한다.

확실히 이것은 상당한 시간의 절약이라고 생각하지 않는가?

달리 할 것도 없이 우두커니 앉아 있기보다는 훨씬 유익한 것이다. 그리고 그렇게 하면 읽지 않으면 안 될 책의 내용이 오랫동안 머리 속에 남아 있어 꽤 좋은 방법이 될 것이다.

물론 어떤 책이라도 좋은 것은 아니다. 계속해서 읽어야 할 이해하기 힘든 전문 과학 서적이나 내용이 어려운 책은 적합하지 않을 수도 있다. 그러나 그러한 책이 아니더라도 충분히 의미가 통하고, 동시에 유익한 책도 많이 있다. 그런 책을 골라 읽으면 될 것이다.

짧은 시간이라도 이와 같이 유용하게 이용하면 나중에 많은 것을 해냈음을 깨닫게 된다. 이와 반대로 짧은 시간이라고 해서 아무것도 하지 않고 있으면 나중에 만회하려고 해도 여간해서는 잘 되지 않는다. 그러니 한순간 한순간을 의미 있게 사용해야 한다. 아무것도 하지 않는 것보다는 즐거웠다고 생각할 수 있는 시간 사용법을 생각하는 것이 바람직하다.

이것은 꼭 공부에만 한정된 이야기는 아니다. 놀이도 때에 따라서는 필요하고 중요하다. 인간은 놀이를 통해서 성장하고 완전한 인간으로 커 간다. 꾸밈과 겉치레를 벗어 던진 인간의 참모습을 가르쳐 주는 것도 놀이이다. 그러나 놀 때에도 빈둥빈둥해서는 안 된다. 놀 때는 놀이에 집중해서 최선을 다해 놀아야 한다.

* 모든 미완성(未完成)을 괴롭게 여기지 말라. 미완성에서 완성에 도달하려 하는 노력이 필요하기 때문에, 신(神)이 일부러 인간에게 수많은 미완성을 내려주신 것이다. - 아놀드 (1822~1888 영국의 시인·수필가)
* 일을 한다는 것은 모든 사람에게 있어서 중요한 일이다. 왜냐하면 그것은 사람들에게 은혜를 베풀기 때문이다. 그러므로 아이들에게 할 일을 주지 않는 것은, 아이들에 대해 장차 약탈을 위한 준비를 시키는 것과 마찬가지다. - 탈무드

3. 일의 순서를 정하라

순서를 정하고 일하는 것이 성공의 첫 단계이다

ㅂ|즈니스에는 보통 일반 사람이 생각하고 있는 요술과 같은 힘이나 특수한 재능은 필요로 하지 않는다. 일의 순서를 정하는 능력과 근면성과 분별력만 있다면 오히려 재능만 있고 질서가 없는 인간보다 훨씬 유능하게 일을 처리할 수 있을 것이다.

어떠한 일을 하더라도 모든 것에 계획을 세워서 추진하는 습관을 들여야 한다. 일의 순서를 정하고, 그 순서에 따라 추진하는 것이야말로 일을 능률적으로 처리하는 중요한 열쇠가 된다. 글을 쓴다거나, 책을 읽는다거나, 시간을 배분하는 것 등 모든 일에 순서를 정해야 한다. 그렇게 하면 얼마나 시간이 절약되는지, 일이 얼마나 효율적으로 진행되는지 모른다.

아무리 뛰어난 능력을 가진 인물이라도 순서를 정해 놓지 않고 일을 하면 머리 속이 복잡해져서 쉽게 포기를 해버리기 쉽다.

사람은 누구나 게을러지기 쉽다. 이제부터라도 게으른 사람이 되지 않도록 노력해야 한다. 스스로에게 타일러 우선 하루만이라도 일의 방식, 순서를 정하여 일을 하라. 그리고 그것이 성공하면 1주일만, 그리고 차츰 시간을 늘려 한 달, 일 년을 그런 방식으로 처리하면 나중에는 그것이 얼마나 편리하고, 얼마나 좋은 결과를 가져오는지 깨닫게 될 것이다.

4. 놀 때는 놀면서 자신을 발전시켜라
놀면서도 자신을 관리할 줄 알아야 한다

놀이, 오락은 대부분의 젊은이가 걸려드는 암초와도 같은 것이 아닐까? 많은 돛을 달고, 바람을 가득 안고서 즐거움을 찾아 나선 것까지는 좋았으나, 문득 정신을 차려보니 방향을 가늠할 나침반도 없거니와 키를 잡는 데 필요한 지식도 없다. 이런 방법으로는 목적지인 참다운 즐거움에 도달할 수가 없다. 명예스럽지 못한 상처를 안고 허우적거리면서 항구로 되돌아오고 말 것이다.

또한 젊은이는 자칫 내용보다는 외적인 모양만으로 즐거움을 선택하기 쉽다. 극단적인 경우, 무절제야말로 참다운 스타일의 놀이라고 착각하는 사람까지 있다.

가령 술은 확실히 심신에 나쁜 영향을 끼치기는 하지만 훌륭한 놀이라고 생각하고 있는 사람들도 많다. 도박 역시 그 해악을 생각하기 전에 재미있는 놀이라고 생각하는 사람들도 많다. 자유분방한 섹스 역시 재미있는 놀이라고 생각하는 사람들도 많다. 이러한 것들은 한 가지 예에 불과하다.

많은 사람들이 깊이 생각해 보지도 않고 남들이 오락이라고 부르는 것을 그대로 받아들이고 있는 것이다. 젊은 시절에는 놀이에 열중하는 것은 지극히 당연하다. 재미있게 놀고 있는 모습이 가장 잘 어울리는 시절이라는 것도 맞는 말이다. 그렇지만 젊음 때문에 대상을 잘못 선택한다거나 그릇된 방향으로 돌진할 우려도 많은 시절이기도 하다.

일종의 유행병처럼 겉모양만 보고 놀이에 빠진다면 참다운 즐거움을 빼앗기는 결과를 초래한다. 친구와 식사를 하거나, 포도주를 마시는 일은 즐거운 일이다. 하지만 과식을 한다거나 과음을 해서 괴로움을 당할 정도라면 그것을 즐거움이라고 하지는 않을 것이다.

다른 사람에게 보이기 위해서 살아갈 필요는 없다. 자기 방식을 강요한다거나 상대를 비난해 미움을 살 필요도 없다. 타인은 타인대로 자기 좋을 대로 하라고 하면 된다. 그러나 자신의 건강에 대해서는 반드시 절제해야 할 필요가 있다.

도박을 한다면 고통 받기 위해서가 아니라 즐기기 위해서 하자. 아주 적은 돈을 걸고 여러 종류의 친구들과 즐기는 것이다. 그렇게 해서 환경에 순응하는 것도 중요한 일이다. 다만 돈을 거는 것만큼 신중해야 한다. 이기든 지든 생활에 지장이 없을 정도로, 약간의 생활비를 절약하면 해결할 수 있을 정도의 범위에서 말이다. 물론 도박에서 이성을 잃고 싸움을 벌이는 어리석은 일은 절대로 하지 말아야 한다.

사람들과의 만남을 자주 갖는 것도 좋다. 여러 종류의 사람들과 어울리다 보면 자신이 경험하지 못했던 것을 간접적으로 경험할 수 있다.

참다운 놀이를 알고 있는 사람은 품위를 잃는 일은 없다. 적어도 악덕을 본보기로 삼거나 악덕을 흉내 내는 일은 없다. 만일 불행하게도 부덕한 행위를 하지 않으면 안될 때라도 대상을 잘 선택하고 남이 모르도록 은밀히 해야 한다. 일부러 약한 모습을 보일 필요는 없는 것이다.

5. 일의 기쁨을 알아야 놀이의 기쁨도 안다

놀이는 목적이 아니라 성공을 위한 하나의 수단이다

논다는 것은 좋은 일이다. 자신이 즐길 수 있는 놀이를 찾아내서 마음껏 즐길 일이다. 그렇지만 남의 흉내를 내어서는 안 된다. 자기 스스로 깨달아야 한다. 무엇이 정말로 즐거운 것인가를 스스로 묻고 즐겁다고 생각되는 것을 한다면 그것은 바람직하다.

흔히 아무 것이나 손을 대는 사람이 있는데 그러한 사람은 아무런 기쁨도 맛보지 못한다. 그런 의미에서 고대 아테네의 장군 알키비아데스[19]는 현명했다고 생각한다. 확실히 그는 창피를 모르고 온갖 방탕한 짓을 다했지만, 철학이나 업무에도 빈틈없이 시간을 할애하고 있었다.

줄리어스 시저[20]도 일과 놀이에 균등하게 마음을 썼기 때문에 상승효과를 낳을 수 있었다고 생각되는 사람이다. 실제로 수많은 여성들의 간통 상대자라고 일컬어졌던 시저였지만, 훌륭하게도 학자로서의 지위를 구축하고 웅변가로서도 최고였다. 그리고 지도자로서의 실력에 이르러서는 로마 최고의 자리까지 차지하지 않았던가?

---

19) Alkibiades 450~404 B.C. 고대 그리스 아테네의 정치가, 군인
20) Caesar, Gaius Julius 100~44 B.C. 고대 로마의 장군, 정치가. "왔노라, 보았노라, 이겼노라."라는 유명한 말을 남김

놀기만 하는 인생은 바람직하지 않을 뿐만 아니라 아무런 재미도 없다. 매일 열심히 일에 매달렸기 때문에 마음도 몸도 놀이를 정말로 즐길 수 있는 것이다. 뚱뚱한 몸의 대식가나 창백한 얼굴의 술주정뱅이나 혈색이 나쁜 호색가는 자기가 하고 있는 행위를 진심으로 즐기고 있는 것이 아니다. 이러한 사람은 거짓된 신(神)에게 자기의 정신과 육체를 바치고 있는 것과 마찬가지다.

지적인 수준이 낮은 생활을 하고 있는 사람은 쾌락만을 추구하고 품위가 없는 놀이에 열중하기 쉽다. 한편 지식수준이 높은 생활을 하는 사람들, 구태여 도덕적이라고까지 할 필요는 없지만 그래도 좋은 사람들로 에워싸인 사람들은 은밀하고 자연스런 놀이, 세련되고 위험이 적은 그리고 적어도 품위를 잃는 일이 없는 놀이에서 즐거움을 찾고 있는 것이다.

양식이 있는 훌륭한 인간은 놀이가 목적이 되어서는 안 된다는 것을 알고 있고, 또한 놀이를 목적으로 삼지 않는 법이다. 그들은 알고 있다. 놀이는 단순히 편안히 쉬는 것이고 위안이며, 보상에 불과하다는 것을 말이다.

* 노동이 있음으로써 비로소 안락도 있고 휴식도 있다.
  - 카아라일(1795~1881 영국의 평론가, 역사가)
* 굶주림은 전혀 일하지 않고 빈둥거리는 자의 길동무이다.
  - 헤시오도스(?~? 고대 그리스의 시인)

6. 진실하게 사는 의미

일하는 것은 정신적, 육체적으로 살아 있다는 증거이다

실제로 살아 온 세월을 사람의 수명만을 가지고 그 사람의 가치를 측정할 수는 없다. 어떤 업적을 남기고 무엇을 생각했느냐에 의해서 살아 온 세월의 가치를 측정해야 할 것이다. 사람들을 위해 유익한 일을 하면 할수록, 다른 사람들에게 감동할 수 있는 기회를 주었던 일이 많으면 많을수록 진실하게 살았다고 할 수 있다. 게으름만 피우고, 다른 사람에게 아무 도움도 주지 않는 인간은 아무리 오래 살았다 해도 단순히 숨만 쉬고 있는 존재에 지나지 않는다.

그 옛날 그리스도의 가르침을 설교한 사람들은 스스로 바른 삶에 대한 본보기를 보여 주고 있다.

"일을 하지 않는 자는 먹지도 말라."라고 사도 바울[21]은 설교하면서, 타인에게 폐를 끼치지 않고 손수 손을 움직여 일을 하라고 가르친 것이다.

루터[22]도 정원사, 목공, 선반공, 시계수리공 등 갖가지 직업에 종사하며 열심히 일을 하여 매일 매일의 양식을 자기의 손으로 벌고 있었다.

---

21) Paulus 10(?)~67(?) 원시 그리스도교의 형성에 중요한 역할을 한 한 사도이자 전도자
22) Luther, Martin 1483~1516 독일의 종교 개혁자

훌륭한 장인의 기술을 견학하러 가면 그 장인에게 존경을 표하고, 돌아갈 때에는 머리를 깊이 숙이는 것이 나폴레옹의 버릇이었다. 세인트 헬레나 섬에서 지내게 된 나폴레옹이 어느날 부인과 함께 걷고 있을 때, 짐을 지고 오는 하인들과 맞부딪치게 되었다. 그때 부인은 화를 내며 거친 소리로 길을 비켜나라고 명령했다. 그런데 나폴레옹은 "부인, 그들은 무거운 짐을 운반하고 있습니다."라고 주의를 촉구했다고 한다. 눈에 띄지 않는 작은 일이지만 사회의 행복에 공헌하고 있는 것이다.

중국의 황제 중 한 사람은 다음과 같은 명언을 남기고 있다.

"한 사람이라도 일을 하지 않는 남자가 있다면, 또 한 사람이라도 게으른 여자가 있다면 반드시 이 나라 어디에는 굶주림과 추위에 고통을 받고 있는 사람이 있다."

항상 무엇이든 유익한 일을 하는 습관은 남성뿐만 아니라 여성에게도 행복의 열쇠를 잡는 기본적 조건이다. 일을 하지 않는 여성은 두통과 히스테리를 수반하는 울적한 권태감과 무기력의 포로가 되기 쉽다. 한 어머니는 이런 무기력에 져서는 안 된다고 결혼한 딸에게 주의를 주고 있다.

"휴일 아이들이 모두 나가 버리면 난 무엇을 해야 할지 몰라서 대낮의 올빼미처럼 맥이 빠져 멍하니 있을 때가 있단다. 하지만 평범한 부인네들이 흔히 빠져드는 그런 기분에 휩쓸려 버려서는 안 돼. 가장 좋은 건 열심히 일하는 거야. 무엇이든 좋으니 쉬지 말고 힘껏 일을 해라. 게으르고, 무기력한 생활은 너, 나 할 것 없이 악마가 걸어 놓은 덫이라고 하시던 네 할아버지의 말씀이 옳은 거야."

이와 같이 끊임없이 일을 한다는 것은 육체뿐만 아니라 정신도 건강하게 한다.

7. 길이 없으면 길을 닦아라
행동하고 노력하면 희망이 싹튼다

'**나**는 신도 악마도 믿지 않는다. 나 스스로의 육체와 영혼의 능력만 전적으로 신뢰한다.'

이것은 고대 스칸디나비아의 한 노인이 말했다고 전해오는 유명한 말이다. 고대 스칸디나비아인의 상징적 문장(紋章)[23]은 곡괭이인데 거기에는 '우리들은 길을 찾는다. 길이 없으면 길을 닦는다.' 라는 어구가 새겨있다. 이것도 앞에서 나온 노인의 말과 마찬가지로 남에게 매이지 않은 독립된 마음의 표현이며 그 특성은 지금도 여전히 자손들에게 계승되고있다.

스칸디나비아 신화의 특징은 망치를 손에 든 신이 등장하는 것이다. 실제로 망치를 다루는 것 같은 움직임 하나를 보더라도 그 사람의 성격을 알 수 있고 그가 가지고 있는 육체적, 정신적 능력을 헤아려 알 수 있는 것이다.

한 저명한 프랑스인은 친구가 지방의 땅을 사서 거기에 이주하려고 했을 때 그 지방의 주민의 기질을 한마디로 정확히 맞췄다.

---

23) 국가나 가문 등 일정한 단체를 나타내는 상징적인 표지

"그 땅을 사는 것은 주의를 해야 할 것이다. 그곳 출신자 중에서 파리로 나와서 내 수의학교에 다니고 이는 사람이 있는데, 그들은 제대로 하는 게 없어. 다시 말해서 체력도 정신력도 결여되어 있어. 그런 사람들이 사는 곳에 아무리 투자를 해봤자 변변히 돌아올 거라고는 바랄 수도 없다네."라고 말했다.

이와 같이 적절한 성격 묘사는 모든 것을 사려 깊게 관찰하는 사람만 할 수 있다. 게다가 이 말에서는, "사회를 이끌어 가고, 또한 농사를 바탕으로 하는 땅에 가치를 주는 것은 바로 거기 사는 개개인의 체력과 정신력인 것이다.' 라는 진리를 확실히 알 수 있다.

다시 말해서 프랑스의 속담처럼 '땅의 가치는 그곳에 사는 사람의 가치에 의해서 정해진다.' 는 것이다.

활동력을 높이고 삶을 충실하게 하는 것은 대단히 중요하다. 가치 있는 목표를 추구하려고 하는 결심은 누구나 할 수 있지만 그 실행은 사람마다 차이가 있다.

누구나 활동력만 있으면 단조로운 노력을 필요로 하는 일이나 무미건조한 일상적인 자질구레한 일에 파묻히지 않고 나날이 향상하고 전진해 나갈 수 있다. 활동력에 찬 사람은 실망하거나 좌절하지 않고 평범한 사람으로서는 이루어내지 못하는 큰 사업도 이루어 낼 수 있다.

어떤 분야든 성공에 필요한 것은 뛰어난 재능이 아니라 의지다. 어디까지나 힘껏 노력하려고 하는 의지의 힘이다. 이런 의미에서 활동력이란 그 사람이 가지고 있는 능력의 중심을 이루는 힘이며, 요컨대 사람 그 자신이라고도 할 수 있다.

활동력은 사람을 행동으로 유도하고, 혼신을 다하는 노력을 하게 한다. 그리고 활동력을 바탕으로 비로소 진정한 희망, 다시 말해서 인생에 진짜 향기를 갖추어 주는 희망이 싹튼다. '희망은 힘이다.' 라는 말이 있다. 이것은 만인이 명심해야 할 말일 것이다.

또한 '겁쟁이에게 재앙 있으라.' 라는 말이 있다. 확실히 용감한 마음을 가진 사람만큼 큰 능력을 가진 사람은 없다. 설사 노력이 수포로 돌아간다 해도 최선을 다했다고 느끼고 있다면 그것으로 만족할 수 있다.

인내로 수많은 고난과 싸워 승리를 얻은 사람이나, 팔, 다리의 자유를 잃었다 해도 용기라는 지팡이를 짚고 걷고 있는 사람을 보는 것만큼 우리들을 격려해 주는 아름다운 광경은 없다.

* 청년에게 권고하고 싶은 것은 다음 세 마디뿐이다. 즉, 일하라. 더욱 일하라, 끝까지 일하라.- 비스마르크(1815~1898 독일의 정치가)
* 노동은 인생을 감미롭게 해주기는 하지만, 힘겨운 짐이 되게 하는 것은 결코 아니다. 걱정거리를 가지고 있는 자만이 노동을 싫어한다.- 부르만(독일의 시인)

8. 세상이라는 학교에서 배워라

피할 수 없는 일이라면 즐겨라

지질학자 휴 밀러는 "내가 유일하고 바른 가르침을 받은 것은 세상이라는 학교이다. 거기에서 '간난신고(艱難辛苦)[24]' 라는 엄격하고 고귀한 교사를 만났다."라고 기술하고 있다.

일을 하는 도중에 손을 빼거나 쓸데없는 구실로 일을 게을리하려고 한다면 실패는 불 보듯이 명확하다. 어떤 일이라도 그것을 피할 수 없는 것이라 생각하면, 깔끔하고 완벽하게 처리할 수 이도록 노력해야 한다.

근면이라는 습관도 다른 습관과 마찬가지로 시간이 지남에 따라 자신의 몸에 편하게 길들여진다. 때문에 평범한 능력밖에 없어도 한 번에 한 가지 일에만 집중하여 꾸준히 노력한다면 결국에는 큰 성과를 이루게 될 것이다.

진정 가치 있는 목표는 용맹 과감하게 도전하지 않으면 성취 할 수 없다. 인간의 성공은 오로지 고난과 싸우려 하는 의지력, 즉 노력 여하에 달려 있다. 언뜻 보기에 불가능하다고 생각할 수 있는 대부분의 목표가 노력에 의해서 가능하게 되는 것을 볼 때 우리들은 놀라움을 금치 못한다.

---

24) 갖은 고초를 겪어 몹시 힘들고 괴로움

기대하는 강한 마음이 있으면 그만큼 그 가능성은 현실로 전환한다. 강한 원망은 우리들이 무엇인가를 이룩하기 위한 조짐이 된다. 그런데 겁쟁이에다 우유부단한 사람은 처음부터 무슨 일이든 자신은 불가능하다고 생각해 버리기 때문에 무엇하나 성취할 수가 없다.

　프랑스의 한 젊은 장교는 항상 방안을 걸어 다니면서 "언젠가 틀림없이 육군 원수가 될 것이다."라고 외치고 있었다 한다. 그 청년 장교의 지칠 줄 모르는 신념은 이윽고 현실의 성공을 가져온다. 훗날, 그는 사령관으로 승진하여 이름을 떨쳤고 더구나 염원인 프랑스 육군 원수가 되어 그 생애를 마친 것이다.

* 청춘은 모든 것이 실험이다. - 스티븐슨(1850~1894 영국의 작가)
* 꿈을 계속 가지고 있으면 언젠가는 반드시 그것이 실현될 때가 온다.
　　　　　　　　　　　　　　　　　　- 괴테(1749~1832 독일의 작가)

9. 사는 것은 끊임없이 노력하는 것이다

최고의 인격은 노력 없이는 형성될 수 없다

좋은 일이든 궂은 일이든 살아가는 일상생활에서는 그 사람의 인격이 좌우되지 않고 아무런 결과 없이 하루를 지낼 수는 없다. 실처럼 가는 머리카락이라도 반드시 그림자가 생기듯이 아무리 쓸모없는 것이라도 행동은 필연적으로 그에 따른 결과를 낳는다.

행동, 사고, 감정은 모두 그 사람의 기질이나 습관, 판단력을 키우는 데 도움이 된다. 그리고 앞으로의 인생에 피할 수 없는 영향을 준다. 이와 같이 인격은 좋은 방향이나 나쁜 방향으로도 항상 변화하면서 성장한다. 향상하는 면이 있는가 하면 타락하는 면도 있다.

작용과 반작용은 서로 같다고 하는 역학의 법칙은 그대로 도덕에도 적용된다. 선행은 그것을 행한 인간에게 작용하고, 또 반작용도 한다. 악행도 역시 같은 것이다. 그뿐만이 아니다. 본보기를 보인 상대에게도 어떤 영향력을 가지고 작용한다. 그러나 인간은 환경의 창조주도 아니거니와 노예도 아니다. 자기의 자유의사로 악보다는 오히려 선을 낳게 하려고 행동해 나갈 수가 있다.

한 성직자는, "자기 자신 이상으로 상처 입히는 것은 없다. 계속 참고 견디어 온 결점은 몸에 배어 있다. 자기의 결점에 괴로워하는 것 이상으로 심각한 괴로움은 이 세상에서 있을 수 없을 것이다."라고 말하고 있다.

아무튼 최고의 인격은 노력 없이는 형성될 수 없다. 끊임없이 자기를 주시하고 자기 수양을 게을리 하지 않고 자제심을 활동시키지 않으면 안 된다. 망설이거나 혹은 일시적으로 좌절할 때도 있을 것이다. 여러 가지 장애나 유혹에는 과감하게 맞서서 그것을 피하지 않으면 안 된다. 불굴의 마음자세와 고결한 정신이 있으면 최후에는 필시 승리를 거두게 될 것이다. 지금보다 훨씬 높은 인격을 몸에 익히려고 노력, 진보, 향상하려는 노력 그 자체가 우리들에게 용기를 북돋아 격려해 줄 것이다.

자기를 인도해 주는 위대한 인물을 표본으로 하는 것은 좋지만, 그러한 이상적인 인간상을 그저 바라보지만 말고 자기 역시 높은 곳에까지 도달하려고 지향하지 않으면 안 된다. 물질적인 것이 아니고 진실한 명예를 추구하고, 학문을 닦기보다는 덕 있는 인간이 되고, 권력을 등에 업고 권위를 휘두르는 것이 아니고, 정직하고 성실하며 고결한 인격을 목표로 하지 않으면 안 된다.

인격은 그 사람의 행동으로 자연히 스며 나온다. 그리고 인격은 신념과 고결성과 실제로 유용한 지혜에 의해서 높아질 수 있다. 이상적인 것은 종교, 도덕, 이성을 받아 생생하게 약동하는 개인의 의사 바로 그 자체가 될 때이다.

신중하게 나아갈 길을 선택하고, 명성보다는 의무를 중요시하고 세속적인 평판에 좌우되지 않고 양심에 따라 행동하면서 끊임없이 그 길을 추구한다. 타인의 개성을 존중함과 동시에 자기 자신의 존재와 자립을 고수한다. 누구나 할 수 있는 것은 아니지만, 거기에다 도덕심을 관철하는 용기를 갖고 때의 흐름과 지혜와 경험을 냉정하게 믿어야 할 것이다.

10. 자신의 진로를 방향 짓는 '의지의 힘'

'할 수 있다. 하고 싶다' 주문을 외면 이루어진다

의지의 힘만 있으면 사람은 자신이 정한대로의 목표를 달성하고 자신이 그렇게 되고 싶다고 생각한 대로의 사람이 될 수 있다. 한 성자는 입버릇처럼 이렇게 말하고 있었다.

"당신은 바라면 어떤 사람으로도 될 수 있다. 우리들이 가진 의지의 힘이 신의 힘과 결부된다면 그 효과는 매우 크다. 마음으로부터 진지하게 구하고 있으면 모든 것은 가능하게 된다.그러나 겸양이나 인내, 절도나 너그러움을 몸에 익히고 싶다고 강력히 원하지 않는 한 무엇을 바란다 해도 이룰 수 없을 것이다."

한 목수에 대해서 이런 이야기가 전해져 오고있다. 어느 날, 그는 자신이 살고 있는 도시의 시장이 앉는 의자 수리를 부탁 받고 대패질을 하고 있었다. 그런데 그 일하는 태도가 지나치게 공손하기 때문에 한쪽에서 보고 있던 사람이 이유를 물었다. 그러자 목수는 이렇게 대답했다.

"사실을 말하자면 내가 이 의자에 앉을 날을 위해 조금이라도 편히 앉을 수 있도록 해두려고 생각했을 뿐입니다."

그는 그 후 신기하게도, 실제로 그 도시의 시장이 되었고 그 의자에 앉아 업무를 수행했다고 한다.

논리학자는 의사의 자유에 대해서 이것저것 참으로 이론적으로 결론 짓는다. 그러면서도 우리들은 전부 '선악의 선택은 그 사람의 자유에 맡겨져 있다.'라고 느끼고 있는 것이다. 다시 말해서 사람이란 흐르는 물위에 내던져져서 강물의 흐름에 따라 떠도는 나뭇잎 같은 것이 아니라 오히려 훌륭하게 헤엄치는 힘을 갖추어 파도를 거슬러서 자신이 목적하는 방향으로 충분히 나아갈 수 있다고 생각하고 있음에 틀림없다. 그것은 맞는 말이며 우리들의 자발적인 의지에 절대적인 구속을 가하는 것 따위는 이 세상에 존재하지 않는다.

더구나 우리들은 자신의 행동이 마법의 주문 따위에 의해서 속박될 리 없다는 것도 충분히 알고 있다. 그렇지 않으면 남보다 뛰어나고 싶다는 소망은 모두가 한 편의 주문에 따라 운명처럼 굳어져 버릴 것이다.

직업이나 우리들의 생활, 가정을 꾸려나가고, 사회의 약속, 그리고 공공의 조직 등, 이것들은 모두 인간의 의지는 자유라고 하는 확신을 전제로 하여 성립되고 있다. 가령 이 확신을 잃어버린다면 사회에는 무책임이 횡행하고 교육이나 충고, 설교 등의 수단도 아무 소용이 없어질 것이다.

'인간의 의지는 자유이다.'라는 말이 있다. 항상 우리들의 향심은 이렇게 선언하고 있다. 의지야말로 올바른 방향으로 향하는가, 잘못된 방향으로 향하는가는 우리들 한 사람 한 사람에게 주어진 과제이다.

습관이나 유혹이 인간을 지배하는 것이 아니라 인간이 습관이나 유혹을 지배한다. 설사 습관이나 유혹의 힘에 굴하게 될 처지에 놓인다 해도 양심은 우리들에게 '버티어라!'라고 명령한다. 그리고 습관이나 유혹을 지배하는 데에는 비범한 힘 같은 것은 필요 없다. 될 수 있는 한 굳은 결의를 가지고 있다면 그것으로 충분하다.

11. 뿌리 없는 풀 같은 생활과 결별하는 의지

자신의 운명은 자신이 결정하고, 스스로 책임져야 한다

한 프랑스의 종교가는 "자네는 지금 자신의 생활 태도를 결정할 시기에 접어들었다. 이 기회를 놓치면 자네는 스스로 판 무덤에 내던져져서 위에 얹어 놓은 돌을 밀어젖히지도 못하고 평생 고통 속에서 신음하게 되는 처지가 될지도 모른다. 의지를 가지고 산다는 것은 우리들에게는 제일 몸에 익히기 쉬운 습관이다. 때문에 강하고 확고한 의지를 갖도록 노력해야 한다. 뿌리 없는 풀과 같은 생활은 이 정도로 하고 땅에 발을 붙이고 걷도록 해야 한다. 낙엽처럼 바람에 맡겨 여기저기 떠도는 생활은 단호하게 버려야 한다."

그리고 그는 결의를 굳혀서 그것을 지켜 나가려고 하는 사람이라면 원하는 것의 대부분을 성취할 수 있다고 확신하고 있다. 그리고 다음과 같은 말을 남겼다.

"사람은 누구나 오른쪽으로 갈 것인지, 왼쪽으로 갈 것인지를 정해야 할 때가 있다. 그럴 때에는 자신의 주의 주장이나 결단력, 그리고 정신력이 얼마나 강한 것인가를 몸소 증명해 보이는 결정을 해야 하는 것이다. 그렇지 않고 적당히 시간만 보내고, 다른 사람에게 자신의 운명을 맡긴다면, 자신이 원하지 않는 방향으로 살아가는 한심한 청년의 모습으로 변하고 말 것이다. 한번 그렇게 되면 다시 변하기가 쉽지 않다. 젊은이라면 자신이 원하는 목표를 성취할 수 있는 가능성이 충분히 있다. 활력 넘치는 근면한 생활 태도를 지향하도록 결의를 굳히는 것이다. 지금 결의해서 자신이 정한 길로 한 걸음 나가고, 꾸준히 노력한다면 언젠가는 그런 자신의 현명한 처사에 평생 감사하며 살아갈 것이다."

인간의 의지라는 것은 방향 같은 것은 상관없이 그리고 앞뒤 생각 없이 돌진해 나가려 한다. 따라서 의지에 올바른 목표를 주고 적절한 방향을 잡도록 하는 것이 중요한 것이다. 육욕이나 쾌락을 위한 의지는 당장 악마의 본성을 드러내고 지성은 그 비천한 노예가 될 것이다. 그러나 반대로 선의 추구로 향해진 의지는 뛰어난 선구자와 같은 것이다. 거기서는 지성이 인간에게 최고의 번영을 초래하는 좋은 날이 될 것이다.

* 자기가 할 일을 찾아낸 사람은 행복하다. 그로 하여금 다른 행복을 찾게 하지 말라. 그에게는 일이 있고 인생의 목적이 있다. - 카아라일(1795~1881 영국의 평론가 · 역사가)
* 세월을 헛되이 보내지 말라. 청춘은 두 번 다시 오지 않는다. - 史記

12. 불가능이란 말은 없다
하고자 한다면 못 하는 일은 없다

'의지가 있는 곳에 길은 열린다.' 이 오래된 속담은 진리 그 자체이다. 무엇인가를 이룩하려고 결의한 사람은 바로 그 결의에 의해서 많은 장애를 극복하고 목표에 도달한다. 할 수 있다고 생각만 하면 십중팔구 그것을 달성할 수 있다. 바꿔 말해 결심만 굳혀진다면 그것은 이미 현실로 목표를 달성한 것과 다를 바 없는 것이다. 이런 의미에서 마음속의 결의는 신이 가지고 있는 전지전능한 힘을 가지고 있다고 말할 수 있다.

'의지가 약한 사람은 반드시 패배한다.' 라는 말이 있다. 프랑스의 정치가 리셜리외[25]나 황제 나폴레옹과 같이 '불가능' 이란 단어를 사전에서 추방하고 싶다고 바라는 사람들도 있다. '나로서는 모른다', '할 수 없다', '무리한 일이다' 이런 말 대신에 '배워라, 행하라, 시도하라!' 라고 끊임없이 주문을 외워야 한다.

누구나 능력은 있고 그것을 충분히 발휘하도록 노력하면 큰 성과를 얻을 수 있는데 그것을 실행하는 데 게으르기 때문에 성공을 하지 못하는 것이다.

25) Richelieu, Armond Jean du Plessis 1585~1642 프랑스의 정치가, 추기경

나폴레옹이 좋아하는 격언 중의 하나로 '최고로 진실한 지혜는 의연한 결단이다.'라는 말이 있다. 그리고 그의 인생은 올바른 판단력과 신속한 결단력이 무엇을 초래할 것인가를 확실히 나타내고 있다.

어느 날, 그의 군대가 행군하는 앞길을 알프스가 가로막고 있다는 보고를 받자 나폴레옹은 "그렇다면 알프스를 치워 버리자."라고 호언했다.

그리고 그때까지 아무도 접근하지 못했던 길을 개척한 것이다. 그는 이렇게 말하고 있다.

"불가능이란 말은 어리석은 자의 사전에서나 볼 수 있을 뿐이다."

싸움에 이기려면 신속히 결단하고 적의 실수를 이용하여 신속히 행동을 일으키는 것이 원칙이다. 나폴레옹은 다음과 같이 기술하고 있다.

"알코레의 싸움에서는 불과 25명의 기병만으로 승리를 거두었다. 적(오스트리아 군)도 아군도 무기력 상태에 빠진 한 순간의 기회를 타고, 나는 기병들에게 나팔을 들리고 적진을 돌격한 것이다. 그것만으로 승리는 우리 군의 것이 되었다. 싸움에서는 양군 모두 상대를 위압하려고 필사적이지만 그런 가운데서 갑자기 적이 겁먹을 때가 있다. 그 순간을 잘 이용하는 것이 승리의 비결인 것이다."

또 나폴레옹은 이렇게도 말하고 있다.

"한 순간의 기회를 놓치면 그것이 불행한 패배가 된다. 오스트리아 군은 시간의 가치를 몰랐다. 놈들은 언제까지나 우물쭈물하며 공격을 망설이고 있었기 때문에 우리 군에게 패배한 것이다."

다만, 나폴레옹의 위업도 결국은 헛된 수고였다. 후에 참모들의 의견을 무시하고, 독불장군 격으로 행동한 그의 방법은 자신을 파멸시키고 나아가서는 프랑스까지도 파멸시켰다. 그리고 나폴레옹이 없진 후의 프랑스는 완전히 무정부 상태에 빠져버린다.

나폴레옹의 생애는 우리들에게 다음과 같은 것을 시사하고 있다. 즉, 선과 결부되지 않은 권력은 그것이 아무리 강력한 것이라도 국가의 치명상이 된다. 또 선과 결부되지 않은 지식은 단순한 악마의 화신이 되어 버린다는 것이다.

* 운명은 인생의 50%에 대한 결정요소이기는 하지만, 나머지 50%는 우리 자신이 지배할 수 있다. – 마키아벨리(1469~1527 이탈리아의 정치가)
* 운명은 우리들을 행복하게도 불행하게도 만들지 않는다. 다만 그 재료와 씨를 우리들에게 제공할 뿐이다. – 몽테뉴(1533~1572 프랑스의 철학자)

13. 행복은 손닿는 곳에서 기다리고 있다

준비하고 있는 자에게만 기회가 온다

몇 번 반복하고 있지만 우리들을 돕는 것은 우연의 힘이 아니라 확고한 목표를 향해서 끈기 있고 근면하게 걸어가려고 하는 자세인 것이다. 의지가 약하고 게으른 사람, 목적도 없이 빈둥빈둥하고 있는 사람은 어떤 행운도 의미가 없다. 그들은 자신의 바로 눈앞에 다시는 만날 수 없는 좋은 기회가 나타나도 그 의미도 모르는 채 멍청하게 그 기회를 놓칠 뿐이다.

반대로 행운의 여신을 껴안으려고 호시탐탐 노리고 있는 사람은 언젠가는 틀림없이 놀라운 성과를 얻을 수 있을 것이다. 기회는 언제나 우리들 손이 닿은 곳에서 기다리고 있다. 문제는 그것을 얼마나 재빠르게 포착하여 실행에 옮기는 가의 여부에 달려 있다.

와트는 계산 기구 제조업에 종사하는 한편 화학과 역학을 독습하고 스위스인 염색 기술자에게서 영어를 배웠다고 한다. 증기 기관차를 발명한 스티븐슨도 석탄광에서 기계를 운용하면서 쉬는 날에는 밤마다 수학과 측량술을 공부했다. 낮에도 식사 때의 약간의 틈을 아까워하며 석탄 차의 벽을 흑판 삼아 백묵으로 계산 연습을 했다.

물리학자 달톤은 어렸을 때부터 근면이 몸에 배어 있었다. 그는 12세의 어린 나이에 고향 마을의 학교 교사로 근무했다. 겨울에는 수업을 담당하고 여름에는 아버지의 농장에서 일했다. 달톤은 죽기 직전까지 기상학의 관측을 계속했는데 이렇게 해서 그가 평생에 걸쳐서 모은 자료는 20만 사례나 된다.

少年易老 學難成　소년은 늙기 쉬우나 학문을 이루기는 어렵다
一寸光陰 不可輕　순간순간의 세월을 헛되이 보내지 말라
未覺池塘 春草夢　연못가의 봄풀이 채 꿈을 깨기도 전에
階前梧葉 已秋聲　계단 앞 오동나무 잎이 가을을 알린다

　　　　　　　　　　　　　－ 주자(朱子)의 勸學文중에서

14. 바보를 위대한 인물로 바꾸는 '1시간'

시간은 그것을 사용하는 사람에게는 재산이 되지만
그렇지 않은 사람에게는 아무것도 아니다

사소한 시간도 무시하지 않고 착실하게 노력을 계속하면 쌓이고 쌓여서 큰 성과를 이루게 된다. 매일 1시간이면 충분하니 헛되게 보내고 있는 시간을 어떤 유익한 목적을 위해 투자해 보는 것도 좋다. 그렇게 하면 평범한 능력밖에 없는 사람이라도 반드시 학문의 하나 정도는 완성할 수 있게 된다. 그리고 아무리 무지한 사람이라도 10년이 못 되어서 몰라볼 정도로 유식한 사람을 변해 있을 것이다.

시간은 배워야 할 가치가 있는 지식을 흡수하고 훌륭한 신념을 키우고 좋은 습관을 익히기 위하여 사용되어야 할 것이다. 결실 없는 생활을 계속해서 시간을 낭비하는 행동은 결코 허용되지 않는다.

의사 메이슨 굿은 왕진을 위해 런던의 거리를 마차로 달리고 있는 중에도 차안에서 고대 로마의 시인 루크레티우스[26]의 번역에 힘썼다고 한다. 다윈[27]도 마찬가지로 환자의 집을 방문할 때는 늘 메모 용지를 가지고 다니면서 머리 속에 떠오르는 아이디어를 그 자리에서 메모했다.

---

26) Lucretius, Titus Carus 94(?)~55(?) B.C. 고대 로마의 시인, 철학자
27) Darwin, Erasmus 1731~1802 영국의 박물학자, 의사, 시인, 「종의 기원」으로 유명한 찰스 다윈의 조부

악사 찰스 바니가 프랑스어와 이탈리아어를 습득한 것은 제자에게 음악 레슨을 하러 가는 말안장 위에서였고, 시인 카크 화이트가 그리스어를 공부한 것은 근무하고 있던 법률사무소로 오가는 길이었다.

미국의 언어학자 엘리휴 바릿도 '내가 성공한 것은 천부적 재능이 아니다. 매일 약간의 시간을 유효하게 이용할 수 있었기 때문이다.'라고 기술하고 있다. 그는 생계를 위해 대장간에서 일하면서 고금의 18개 언어와 22개 유럽 방어를 완성한 것이다.

'시간이란 소멸하는 것이다. 따라서 시간을 허비한 죄는 우리에게 있다.'

옥스퍼드 대학의 해시계에 새겨진 이 엄숙할 만만큼 젊은 사람들에 대한 훈계에 적합한 것은 없다. 영원한 이 세상의 진리 중에서 시간만은 우리들의 자유재량에 맡겨져 있다. 그리고 인생과 마찬가지로 시간도 한 번 지나가 버리면 두 번 다시 돌아오지 않는다.

한 성직자는 이렇게 말하고 있다.

"세속의 재산은 과거에 방탕하였어도 앞으로 절약에 힘쓰면 그것으로 균형이 잡힐 지도 모른다. 그러나 '오늘 낭비한 시간은 내일의 시간을 빌려서 메우자.'라고 누가 말할 수 있겠는가?"

시간은 귀중한 재산이다. 과거의 위인은 전부 시간을 유효하게 사용하여 풍부한 사상이나 공적을 창출했고 그 보물을 후세인 우리들에게 양도해 왔다. 성공을 얻을 때까지의 세월을 극복하고 계속 노력한 사람의 예도 적지 않다. 뉴턴[28]은 『연대기』를 만족할 때까지 열다섯 번을 읽었다.

흄은 『영국사』를 집필하는 동안 하루 13시간이나 책상에 앉아 있었다.

---

28) Newton, Sir Isaac 1642~1727 영국의 수학자, 물리학자, 천문학자, 〈만유인력의 법칙〉 발견

또 몬테스큐[29]는 자신의 작품에 대해서 친구에게 이렇게 말했다.

"자네는 그 책을 2,3시간이면 독파할 수 있을지 모르네. 그러나 그것을 써 나아갈 때의 내 고생이란 머리가 하얗게 쉬어 버릴 정도로 힘든 것이었네."

마음에 떠오른 생각이나 보고들은 사실은 반드시 메모해 두는 습관을 익혀야 한다. 그렇게 하는 것이 강한 인상을 남기고 중요한 것을 잊지 않게 된다.

베이컨은 수많은 초고를 남기고 죽었지만 거기에는 '집필용으로 메모란 단편적인 생각' 이라는 타이틀이 붙어 있다.

파이 스미스는 젊었을 대 아버지 밑에서 제본 견습을 하고 있었는데 그때부터 자신이 읽은 책은 발췌해서 베끼고 자신의 비평도 메모하는 습관을 키웠다. 그는 일생을 통해서 자료 수집에 열심히 도전했는데 '항상 배우고, 항상 진보하고, 항상 지식을 축적하고 있다.' 라고 전기 작가에게 말할 정도의 노력가였다. 이렇게 기록한 메모 장을 책으로 펴낼 때 고금의 사례가 무진장한 보고가 되었다는 것은 말할 것도 없다.

명의 존 헌터[30]도 기억력이 약한 것을 메모로 대신하고 있었고 기회가 있을 때마다 메모의 효용을 역설하고 있었다. 그는 이렇게 말하고 있다.

"생각한 것이나 견문한 것을 기록하는 것은 장사꾼이 재고 정리하는 것과 같다. 그것을 하지 않으면 자기 가게에 무엇이 놓여져 있는지 무엇이 부족한지 전혀 모르지 않는가."

---

29) Montesquieu, Charles Louis de Secondat 1689~1755 프랑스의 철학자, 정치학자, 「법의 정신」지음
30) Hunter, John 1728~1793 영국의 외과의사, 해보학권위자

15. 땀과 눈물로 얻은 지식은 그만큼 강하다

스스로 얻은 경험이 진정한 재산이다

'**최**선의 교육이란 자기 자신에게 주는 교육이다.'

월터 스코트[31]는 이렇게 말했는데 학문이나 예술 분야에서 위업을 이룩한 사람에게는 확실히 이 말이 어울린다.

학교 교육은 진정한 교육의 시작에 불과하고 정신을 단련하고 공부의 습관을 익힌다는 의미에서만 가치가 있다. 타인의 강요에 의한 교육은 스스로 열심히 노력해서 얻은 것만큼 익혀지지 않는다. 스스로 땀과 눈물로 싸워서 얻은 지식만이 완전히 자신의 소유물이 되는 것이다.

자기 자신이 공부하면 그 내용에 대한 인상은 언제까지나 선명하게 남는다. 남에게서 얻은 불충분한 정보와는 달라서 오랫동안 기억할 수 있다. 이와 같은 자기 수양은 동시에 학문에 대한 정열을 불러일으키고, 학문의 깊이와 폭을 넓게 한다. 하나의 문제를 풀면 그것이 다음 문제를 정복하는 격려가 되고 지식은 차츰 실제 사회생활에 이용할 수 있게 된다.

요컨대 능동적으로 배우는 자세가 중요한 것이다. 아무리 우수한 책이나 교사를 만나서 통째로 외우는 수업을 계속한다고 해도 그것은 자기

---

31) Scott, Sir Walter 1771~1832 영국의 시인, 소설가. 「아이반호우」지음

스스로 배워서 깨치는 것보다 나을 수는 없다.

어느 시대나 훌륭한 교사들은 자기 수양의 중요성을 제일 먼저 강조하고 스스로 지식을 배워서 몸에 익히는 방법을 학생들에게 가르쳐왔다. '수업'보다 '훈련'에 중점을 두고 학생들이 자처해서 그 학문에 몰두하도록 하였다. 이와 같은 방법은 지식의 조그만 단편을 일방적으로 쑤셔넣는 수업으로는 따라올 수 없을 정도의 효과를 올린다.

저명한 교육가 아놀드[32]의 방법도 이 정신을 바탕으로 하고 있다. 그는 학생들에게 다른 사람에게 의지하지 말고 자신의 노력에 의해서 힘을 키워야 한다고 역설했다. 그 선생님 자신은 단지, 학생을 지도하고 격려하여 용기를 북돋아주는 것뿐이다. 그는 이렇게 말하였다.

"어린아이는 남양의 작은 섬이라도 보내서 거기서 빵을 얻기 위해 일하게 하는 것이 훨씬 낫다. 옥스퍼드 대학에 들어간 것은 좋지만 사치한 생활에 물들어 자신에게 주어진 조건을 최대한 활용하려고 하는 마음마저 잃어버릴 정도라면"

그리고 이렇게도 말하였다.

"이 세상에는 정말로 경탄할 만한 것이 하나 있다. 그것은 선천적인 재능을 타고나지 못한 아이가 꾸준히 노력을 하여 진정한 지혜를 몸에 익히는 것을 보는 것이다. 그런 어린아이에게 나는 머리 숙이지 않을 수 없다."

아놀드는 어느 날, 이해력이 떨어지는 소년을 가르치고 있다가 엄하게 꾸짖은 적이 있다. 그러자 그 학생은 그의 얼굴을 말똥말똥 바라보면서 이렇게 말했다.

"선생님, 왜 화를 내십니까? 나는 정말로 힘껏 노력했는데……."

32) Arnold, Matthew 1822~1888 영국의 시인, 비평가, 교육가.

수년 후, 그는 이 이야기를 자신의 아들에게 들려주고 이렇게 덧붙였다고 한다.

"평생 그렇게 가슴이 뜨끔한 적은 없었다. 소년의 눈빛과 그 말은 지금도 잊을 수 없다."

* 사람의 운명이 실제로 어떻게 존재하고 있느냐 보다도 자기 운명을 어떻게 생각하느냐하는 편이 중요하다는 것은 의심할 여지가 없다. - 훔볼트(1767~1835 독일의 철학자)
* 운명에는 우연이라는 것이 없다. 인간은 어떤 운명에 부딪치기 전에 이미 자신이 그것을 만들고 있는 것이다. - 윌슨(1856~1924 미국의 제28대 대통령)

16. 일을 통해서만 얻을 수 있는 '지적 소양'

건전한 정신은 건강한 육체에서 나온다

비참한 처지에서 몸을 일으켜 학문이나 예술 분야에서 명성을 얻은 사람의 예는 많다. 그들 예에서도 알 수 있듯이 높은 지적소양과 노동과는 끊으려야 끊을 수 없는 사이다.

적당한 노동은 건강에 좋고 인간의 본성에도 맞는다. 공부가 정신을 단련시키듯이 노동은 육체를 단련시킨다. 재산이 많아 의식주 걱정이 필요 없는 계급에서도 어느 정도 일하지 않을 수 없다. 권태감에서 해방되고 싶다는 것이 그 이유중의 하나인데, 그 반면에 대부분 사람들은 의식주 해결을 위한 본능적 욕구를 만족시키려고 일하는 것이다.

다니엘 말서스는 아들에게 "대학에서는 지식을 배워서 몸에 익히는 데 주력함과 동시에 스포츠도 열심히 하라."라고 말하고 있다.

스포츠는 정신의 활동을 활발하게 하는 최선의 수단이라는 것이다. 말서스는 또 이렇게 덧붙여 말한다.

"여러 가지 지식을 배우고, 자연이나 예술을 배우면 너의 마음은 풍족해지고 정신의 힘은 강해질 것이다. 그러나 크리켓으로 너의 육체에 마찬가지로 기쁨과 힘을 준다면 나는 더욱 만족할 것이다. 운동 면에서도 남보다 뛰어나도록 노력하여라. 사람은 발로 서고 몸을 움직이고 있을 때 정신의 기쁨을 가장 크게 느끼니까 말이다."

건강한 몸을 가지고 있는지 없는지는 일반적으로 생각할 수 있는 것 이상으로 현실 사회에서의 성공을 좌우한다.

확실히 어떤 직업이라도 일을 계속하려면 육체적 건강 상태의 좋고 나쁜 것이 큰 영향을 준다. 지적 노동에 종사하는 사람도 건강 면에서는 충분히 유의할 필요가 있다.

최근에는 자신을 불행하다고 생각하고 불만이 점점 높아진 결과 게으름과 망상의 세계로 도피하는 젊은이가 늘고 있다. 그들은 현실 사회를 경멸하고 세상의 일반적인 관례를 혐오한다. 이것은 젊은이가 육체의 단련을 소홀히 하고 있기 때문이다. 미국의 교육과 차닝은 이렇게 지적했다.

"우리나라에서는 많은 젊은이가 절망이라는 학교에서 자라고 있습니다."

젊은이의 이와 같은 '위황병(일종의 빈혈병)[33]'의 치료법은 단 하나밖에 없다. 그것은 몸을 움직이는 것. 즉 운동하고, 일하고, 육체를 단련하는 것이다.

젊었을 때 공작이나 기계를 만지는 데 노력하는 것은 사람의 발달에 유익한 경험이다. 예를 들면 소년 시절의 뉴턴은 학교에서는 성적이 나쁜 학생이었는데 톱이나 망치, 도끼를 사용하는 일에는 열심이었다. 기숙사방에서 망치를 휘둘러 풍차나 마차의 모형을 조립했고, 갖가지 기계류를 만들었다. 후에는 친구를 위하여 기꺼이 작은 테이블이나 찬장까지 만들어 주었다고 한다.

---

33) 위황병: ① 식물의 잎이 황색이나 황백색으로 변하는 병 ② 청춘기의 여성에게 많은 일종의 빈혈증. 피부, 점막 등이 창백해지고, 두통·어지럼증·귀울림 현상과 체력저하 등의 증세를 보임

와트나 스티븐슨도 이미 소년 시절에 재치 있게 공작 도구를 사용하고 있었다. 젊었을 때 이와 같은 훈련을 쌓고 있지 않았으면 어른이 되어서 과연 그렇게 훌륭한 발명을 하였을지 의심스럽다. 위대한 발명가는 모두가 어렸을 때부터 끊임없이 손을 움직여서 연구의 재주나 지적 능력을 단련해 온 것이다.

육체노동을 해온 사람이 지적인 직업에 종사하는 경우에도 옛날의 경험은 대단히 도움이 된다. 언어학자 엘리휴 바리트는, "연구를 효과적으로 진행하기 위해서는 중노동을 빠뜨릴 수 없다."라고 말하고 있다.

한 번뿐만 아니라 그는 교사나 연구를 중단하고서 전에 하고 있던 것처럼 대장간 일을 열심히 하여 건강을 유지했다고 한다.

젊은이에게 도구를 취급하는 방법을 가르치는 것은 자신의 손이나 팔의 사용법을 가르치는 것이기도 하다. 그럼으로써 젊은이는 노동의 기쁨을 터득하고 현실에 도움이 되는 능력을 키운다. 그들은 기계를 만지작거리는 사이에 기계의 작용을 습득하고 끈기도 몸에 익혀 가는 것이다.

다만 몸을 사용하는 일만 열심히 하고 있으면 지적인 능력이나 윤리의 면을 소홀히 하기 쉽다. 육체적인 훈련은 지적인 훈련과 합쳐짐으로써 더욱 효과를 발휘하는 것이다.

* 한 사람의 친구도 없을 정도인 완전한 고독은 최악(最惡)의 것으로서 죽음만도 못하다.
　　　　　　　　　　　　　　　 - 베이컨(1561~1626 영국의 철학자 · 문학가)
* 인생에서 우정을 제거한다고 하는 것은 태양을 이 세상에서 없애는 것과 같은 일이다.
　　　　　　　　　　　　　 - 키케로(106 B.C.~43 B.C. 그리스의 웅변가)

17. 철은 뜨거워질 때까지 쳐라

노력 없이는 성공도 없다

교육에는 기초적인 체력이나 건강 유지와 동시에 정신을 사용하는 습관을 키우는 것도 빠뜨려서는 안 된다. '노동은 모든 일을 정복한다.'라는 격언은 특히 지식을 정복하는 경우에 적용된다. 지식을 배워서 몸에 익히는 길은 학문을 배우려고 노력하는 사람이라면 누구나 동등하게 열려져 있고, 확실한 목표만 있으면 어떠한 고난도 이겨낼 수 있다.

학문에 있어서도 비즈니스와 마찬가지로 열심히 노력해야 한다. 우리는 '철은 뜨거울 때 쳐라!' 라고 해야 하는 것이 아니라 철을 뜨거울 때까지 계속 치지 않으면 안 되는 것이다.

끈기 있게 힘껏 노력하고, 어떤 기회도 놓치지 않고, 게으름뱅이라면 쓸데없이 낭비하는 약간의 시간까지도 충분히 활용해 보는 것이 좋다. 놀랄 정도로 자기 수양의 성과가 올라갈 것이다.

예를 들면 파가슨은 높은 언덕 위로 올라가 양가죽으로 몸들 감싼 채 추위를 참고 견뎌내면서 하늘을 바라보고 천문학을 배웠다. 에드몬드 스턴은 가정교사를 계속하면서 수학을 공부했다. 사뮤엘 돌도 구두 수선하는 틈틈이 어려운 철학을 공부했고, 휴 밀러는 채석장의 날품팔이 인부로 일하면서 혼자 힘으로 지질학의 지식을 몸에 익혔다.

화가 레놀즈[34]는 근면의 효율을 진심으로 믿고 있었다. "끈기 있게 노력을 계속하면 누구나 남보다 뛰어날 수 있다."라고 그는 주장했다.

언뜻 보기에 쓸데없이 보이는 단조로운 일이야말로 천재로 통하는 길이며 끊임없이 노력하면 그림 솜씨도 향상된다는 것이다.

"탁월한 기량은 노력에 의해서만 주어진다. 뛰어난 재능을 가지고 있으면 근면이 그 재능을 한층 더 높여줄 것이다. 능력이 보통이라도 근면이 그 결점을 보충해 줄 것이다. 노력이 올바른 방향으로 향한다면 결코 기대에 어긋나는 일은 없다. 노력 없이는 아무것도 얻을 수 없다."라고 레놀즈는 말하고 있다.

---

34) Reynolds, Sir Joshua 1723~1792 영국의 초상화가, 궁정화가

18. 일 잘하는 명인의 비결

일을 잘 하는 것은 배운 지식을 정확히 활용할 수 있는 것이다

우리들은 무엇이든 철저하게, 게다가 정확히 배우는 자세를 기본으로 하여야 한다. 지식의 가치란 얼마나 비축했느냐가 아니라 올바른 목적을 위해 얼마나 활용할 수 있느냐에 있다. 조그만 지식이라도 그것이 정확하고 완벽한 것이라면 표면적으로 많이 알고 있는 지식보다는 현실적인 목적에는 훨씬 도움이 된다.

"한 번에 한 가지 일밖에 하지 않는 사람이 오히려 누구보다 많은 일을 한다."라는 말이 있다.

이것저것 여러 분야에 손을 너무 대면 오히려 집중력이 부족해서 진보도 늦어지고, 늘 일에 억눌려서 역경에서 헤어나지 못하는 습관이 몸에 배게 된다.

일찍이 레너즈는 자신의 학습법의 비결을 이렇게 말했다.

"법률 공부를 시작할 때 나는 결심했습니다. '배운 지식은 완전히 나의 파와 살이 되도록 하자. 그리고 하나의 사항을 철저하게 정복하기 전에는 절대로 다음으로 넘어가서는 안 된다.' 라고 같이 공부했던 대부분의 친구들은 내가 1주일이나 걸려서 읽은 책을 하루도 채 못 되어 다 읽었습

니다. 하지만, 1년쯤 지난 뒤 어떻습니까. 나의 지식은 그것을 기억한 날과 마찬가지로 선명하게 남아 있지만 그들은 배운 것을 완전히 잊어버리고 말았습니다."

사람은 공부의 양이나 읽은 책의 권수로 영리하게 되는 것은 아니다. 공부하는 방법이 자신이 추구하는 목적과 맞는가, 전력을 다해서 공부에 열중하였는가, 근면이 습관화되었는가 등이 문제인 것이다.

"자신의 정신에는 일정한 포화점이 있다."라는 말이 있다. 다시 말해서 지식을 너무 많이 채우면 이미 기억하고 있던 지식이 머리에서 밀려 나간다는 것이다.

자신이 무엇을 하고 싶은지 명확히 알고 있으면 그것을 달성하기 위한 수단을 잘못 택하는 일은 좀처럼 없을 것이다.

확고한 목적과 목표를 가지고 있으면 공부도 실제 효용이 그만큼 많아진다. 한 분야의 지식을 완전히 정복해 두면 언제라도 그것을 활용할 수 있다. 이런 점에서 말하면 단순히 책을 많이 가지고 있거나 필요한 정보를 얻기 위해 무엇을 읽으면 좋은가를 알고 있기만 해서는 충분하다고 할 수 없다. 인생에 도움이 되는 지혜를 항상 가지고 다니고 막상 필요할 때 바로 사용할 수 있도록 준비해 두어야 하는 것이다.

집에 아무리 많은 돈이 있어도 주머니에 한 푼도 없으면 긴급할 때에는 아무 도움이 안 된다. 그것과 마찬가지로 언제나 지식이라는 화폐를 몸에 늘 지니고 어떤 경우에도 그것으로 거래할 수 있도록 만전의 대비를 해야 할 것이다. 그렇지 않으면 막상 지식이 필요하게 되었을 때 어쩔 도리가 없다.

자기 수양에 있어서는 결단과 기민성도 없어서는 안 되는 것이다. 이

두 개의 자질을 키워나가려면 사람은 젊었을 때부터 자립하여 될 수 있는 한 자유행동의 기회를 누려야 한다. 과보호나 지나친 속박은 자조의 습관을 익히는 데 방해가 된다. 그것은 마치 헤엄칠 줄 모르는 사람의 겨드랑이에 튜브를 매달아 주는 것과 같은 것이다.

자신 없어 하는 것도 사람의 능력개발에 있어서는 큰 장애가 된다. 흔히 인생을 경마에 비유해서 말하듯이 인생의 실패의 절반은 자신의 말이 도약하려고 할 때 마음이 약해져서 고삐를 죄어버리는 데서 일어난다. 너무 자신을 가지면 겸허한 마음을 잃어버리는 게 아니까 하고 생각될지 모르지만 실제는 그렇지가 않다. 진정 겸허한 마음이란 자신의 장점을 정당하게 평가하는 것이며 장점을 모두 부정하는 것과는 다르다.

물론 사람들 중에는 자신의 힘을 과신하고 자신의 분수를 모르는 사람도 있다. 그러나 반대로 자신이 없는데서 오는 우유부단한 태도로 사람의 진보를 저해하는 큰 성격상의 결함이다. 자신을 갖고 적극적으로 과감하게 도전하지 않으면 큰 성과는 바랄 수도 없다.

* 우리가 세운 목적이 그른 것이면 언제든지 실패한 것이요. 우리가 세운 목적이 옳은 것이면 언제든지 성공할 것이다.　　　　　　　– 안창호(1878~1938 독립운동가)
* 상업은 이익이 그 목적이라고 생각되어 왔다. 이것은 잘못이다. 상업의 목적은 봉사에 있다. 이른바 상업도덕은 자못 숭고한 직업정신에 그 기초를 둘 필요가 있다.
　　　　　　　　　　　　　　　　　　　　– 포드(1863~1947 미국의 사업가)

19. 녹슨 철보다 닳아 떨어진 철이 낫다

목표를 향해 매일매일 근면하게 살아가는 사람은

언젠가는 성공이라는 종착역에 도착한다

사람은 누구나 자기 수양을 통해서 나아지고 싶은 소망을 가지고 있다. 그러면서도 그에 상응하는 노력을 하고 싶어 하지 않는 게 일반적이다.

확실히 우리들은 '학문에 왕도는 없다.' 라고 하는 격언 같은 것은 믿지 않고 학문에도 어떤 안이한 길이 있을 것이라고 믿고 있는 것 같다. 때문에 어떤 교육이라도 별로 노력하지 않고 얻을 수 있는 지름길을 생각해 내려고 한다.

상류 계급의 한 부인은 어학 공부를 시작할 때 '동사나 분사의 규칙으로 나를 괴롭히지 말아요.' 라고 교사에게 말했다고 한다. 단순히 연습에 의지해서 어학을 정복하려고 하는 최근의 경향은 바로 이 부인과 똑 같은 과오를 범하고 있다.

과학에서도 비슷한 공부법이 버젓이 통하고있다. 우리들은 보기에 재미있는 실험에만 흥미를 느끼고 녹색의 물이 빨갛게 변한다거나 산소 중에서 인이 타거나 하는 것을 바라보며 어설픈 지식을 얻고 있다.

어설픈 지식이라도 아무것도 없는 것보다는 낫지만 실제 그런 지식은 아무 도움도 되지 못한다. 결국 우리들은 단순한 즐거움을 교육이라고 잘못 생각하고있는 것이다.

가령 노력도 하지 않고 쉽게 지식을 얻는 방법이 있다 하자. 하지만 그것을 교육이라 할 수는 없다. 머리에 단편적인 지식을 채워 넣을 수는 있어도 정신을 풍족하게 하는 데에는 이르지 못한다. 당분간은 정신을 자극하고 지적 기쁨을 주었다 해도 즐거움 이상의 높은 목표를 심어주지는 않을 테니까 결국은 무익한 기분 전환으로 끝난다.

이와 같은 지식은 불과 한대의 인상이나 감각의 범위를 벗어나지 못한다. 그것은 찰나적인 지성이며 진짜지성이라고는 할 수 없다. 인간의 미덕은 힘껏 노력해서 배웠을 때 비로소 눈을 뜨게 되는 것이다. 그러나 흥미 위주의 공부에 잠겨있는 한 그 미덕은 영원히 잠에서 깨어나지 못할 것이다.

흥미위주의 지식을 배워서 몸에 익히는 법을 습관화하면 젊은이는 곧 공부와 노력을 외면하게 된다. 장난삼아서 지식을 얻고 있는 사이에 이번에는 지식을 장난삼아 가지고 놀기 시작한다. 지성은 차츰 산산이 흩어져서 시간이 지남에 따라 정신도 성격도 알맹이가 없어져 버린다.

"재미 삼아서 읽는 독서는 담배와 마찬가지로 정신의 힘을 쇠약하게 하고 사람을 무기력하게 만든다. 그것은 게으름 중에서도 최악의 것이며 사람을 완전히 거세하여 버린다."라는 말을 되새겨 볼 필요가 있다.

간편한 교육법의 폐해는 현재도 서서히 퍼져가고 각 방면에 악영향을 주고 있다. 그것은 우선 경박한 인간을 많이 만들어 내고 있다. 그러나 무엇보다 중대한 것은 착실한 노력을 싫어하는 사람이 늘어나고 정신력의 저하가 쇠퇴가 진행되고 있다는 점이다.

진짜 의미에서 영리하게 되고 싶다면 우선 근면의 습관을 몸에 익히고 선배들처럼 끈기 있게 노력해 가는 길 이외에는 없다. 어느 시대에도 가치 있는 것을 이룩하기 위해서는 노력이라는 대가가 항상 따라다니는 법이다. 때문에 우리들은 목표를 높이 세우고 학문이나 일에 노력하는 것을 본분으로 성과가 나타날 때까지 참을성 있게 기다릴 필요가 있다.

보다 높은 목표를 지향할수록 진보는 늦다. 그러나 진지하게 힘껏 노력하면 그 보답은 반드시 돌아온다. 매일 매일을 근면하게 살아가는 사람은 언젠가는 그 힘을 귀중한 목적을 위해 사용할 수 있게 될 것이다. 진보를 향상한 후에도 우리들은 계속 노력하여야 한다. 왜냐하면 인생에 있어서 자기 수양에는 종착역이라는 것이 없기 때문이다.

"어떤 일에 몰두하고 있는 그 순간만큼 행복한 것은 없다."

"녹슬어 버림받는 것보다는 너덜너덜 닳아 떨어지는 것이 훨씬 낫다."

"휴식은 저 세상에 가면 누구나 할 수 있는 것이다."

우리는 위의 말들을 다시 한 번 생각해 볼 필요가 있다.

* 溫故知新(온고지신) : 공자의 〈논어〉편에 나오는 글로 옛 것을 배우고 익혀 새 것을 안다는 뜻

제 3장

자신의 능력을
최대한 키워라

1. 자신을 지탱해 주는 자존심을 길러라

자존심은 어려움에도 지지 않는 불굴의 정신을 길러준다

자존심은 진정한 인간다움의 근본적인 기반이다. 자존심을 잃어버린 인간은 어찌할 도리가 없다.

야심, 용기, 불굴의 정신, 그리고 온갖 형태의 자제심은 그 인ㄴ물이 이 세상에서 자기의 역할을 훌륭히 수행하여 자기의 지위를 유지하려는 자존심을 가지고 있다는 현상이다. 겁쟁이가 도피하려고 하는 것은 자존심이 결여되어 있다는 현상이다. 불굴의 정신을 고취하고, 고통이나 불쾌한 일에 좌절해서 명예를 손상시키지 않도록 하는 것이 자존심이다.

자존심은 또 허영심이나 질투나 선망심을 자극하는 것에 대항하는 측면에서도 대단한 의지가 된다. 허영심은 남들이 좋게 생각해 주는 것에만 기쁨을 느끼는 마음이다. 이에 대해 자존심은 남의 의견에 좌우되는 일이 거의 없다. 주위 사람들이 좋게 생각해 주기를 바라는 것은 어느 정도까지라면 바람직한 것이다. 남들이 좋게 생각해 주면 기쁨을 느끼는 것도 극히 자연스러운 감정이다. 다만 자존심은 남의 호감을 사기 위해서 비굴해지는 것 따위는 허용치 않는다.

자존심이 있는 사람이라면 정당한 이유도 없이 평판을 떨어지는 일이

발생하더라도 지나치게 신경을 쓰는 일은 없다. 사람들의 평판보다 더 중요한 것이 있기 때문이다. 그것이 자존심이다.

이 세상에서 힘들고 어려운 일에 대하여 완전한 해결책이란 없다. 선인이라고 해서 반드시 행복하다고 할 수는 없다. 종교도 이 세상의 인간을 완전히 행복하게 해준다는 보장은 없다. 힘들고 어려운 일을 참고 견디면서 많은 수양을 쌓을 수는 있어도, 그것으로 문제점이 해소되는 것은 아니다.

자존심이 있는 사람도 남에게 미움을 받는다거나 무시당하거나 하면 마음을 상하기도 한다. 그러나 그 느낌은 남의 호감을 사는 것에만 마음을 쓰고 있는 사람이 느끼는 것과는 다르다. 이런 점에서 선망이나 질투를 극복하는 데에는 자존심이 대단히 큰 도움이 된다는 것을 알 수 있다.

학교에 다니는 아이들 사이에서도 질투심을 자극하는 일은 참으로 많다. 한 학생은 성적이 우수하고, 한 학생은 남보다 좋은 옷을 입고 있다. 또 다른 학생은 친구들에게 인기가 있다. 질투심이 강한 사람에게는 이러한 것 모두가 불행의 씨앗이 된다.

그 학생은 그가 선택한 라이벌을 미워하고, 나아가서 그 라이벌을 좋아하는 선생님이나 급우까지도 미워하는 것이다. 그리고는 아마 의기소침해지거나 분개할 것이다. 그런 경우, 자존심이 있는 학생이라면 어떻게 행동할 것인가에 대해 실례를 들어서 이야기하자.

프랑스에서 가장 재능 있는 작가 중의 한 사람인 알퐁스 도데[35]가 「작은 아이」라는 책을 출판했다. 그 책은 작가의 자전적인 것으로 되어있다.

주인공은 작가 자신인데, 프랑스의 리용에 살고 있는 가난한 소년이다.

---

35) Daudet, Alphonse 1840~1897 프랑스의 소설가

다행스럽게도 그는 부유한 집 아이들이 다니는 학교에 학비를 면제받아 다니게 되었다.

프랑스에서는 가난한 남자라도 어른이나 아이 할 것 없이 블라우스를 입는다. 그도 블라우스를 입고 학교에 갔다. 그러나 처음 교실에 들어간 순간, 블라우스를 입고 있는 사람이 자기뿐이라는 것을 알게 되었다.

아이들은 킥킥거리며 웃고 있었고, 여기저기서 "블라우스 따위를 입고 왔다."라고 소곤거리는 소리가 들렸다. 시간이 지남에 따라 아이들뿐만 아니라 선생님까지도 짓궂게 그를 적대시하기 시작했다.

선생님은 결코 그의 이름을 부르지 않았다. 그에게 말을 할 때는, "뭐였더라, 너 이리 와 봐."라든가, "뭘 하고 있는 거야. 뭐라더라, 너……." 라는 식으로 말하는 것이었다.

이때 다른 아이들 같았으면 용기를 잃거나 아니면 부끄러워서 매우 비참해졌을 것이다. 그런데 이 자존심 있는 소년은 달랐다. 그는 '내가 이 학교를 계속 다니려면 남보다 갑절 공부를 하지 않으면 안 된다.' 라고 자기 자신에게 굳게 다짐했고, 결국에는 그것을 해냈다.

훗날 훌륭한 작가가 된 그는 옛날에 선생님이 자신을 업신여겨 부르던 별명을 그 자전적 소설의 제목으로 사용했다. 그때의 그의 기쁨과 긍지가 어떠했을까는 가히 상상하고도 남는다.

---

* 타인을 자기 자신처럼 존경할 수 있고, 자기가 하고 싶다고 생각하는 것을 타인에게 할 수 있다면, 그 사람은 참된 사랑을 알고 있는 사람이다. 그리고 세상에는 그 이상 가는 사람은 없다. - 공자(孔子, 551 B.C.~478 B.C. 중국 유교의 시조)

2. 남과 비교해서 교만하면 안 된다

자존심은 명예를 존중한다

자존심 있는 사람은 짓궂은 짓이나 비열한 짓을 하려고 하지 않는다. 그런 짓을 해서는 안 된다는 의무감보다는 자존심이 그것을 허락하지 않는다. 그는 불명예스런 짓을 하는 것을 수치스럽게 여기는 것이다.

여기서 자존심과 프라이드를 보다 더 확실하게 비교할 수 있다. 자존심은 프라이드의 일종인데, 좋은 프라이드에 속한다. 나쁜 프라이드란 자기를 남과 비교해서 상대를 멸시하는 '교만심'을 말하는 것이다.

교만심은 허영심과도 다르다. 교만한 인간은 타인을 멸시하고 있으며, 남들이 어떻게 생각할까 하는 점에 대해서는 별로 개의치 않는다.

나는 어렸을 때 한 부인으로부터 '빠져들기 쉬운 죄'의 이야기를 들은 적이 있다. 그 사람은 자기가 빠져들기 쉬운 죄는 교만이라고 말했다. 나는 천진난만하고 교만했기에 그녀에게 이렇게 물었다.

"그렇다면 교만하지 않고 자만할 수 있는 것은 어떤 것입니까?"

그 순간 그녀가 어찌할 바를 몰라 당황하는 빛을 보여 나는 대단히 실례된 질문을 했다는 것을 깨달았다. 남에게 물어서는 안 되지만, 교만한 성격의 사람은 자기 자신에게 '내가 교만하지 않고 자만할 수 있는 것이란 어떤 것일까?' 라고 질문해 보면 좋을 것이다. 이 질문에 대해 진지하게 대답하는 것은 본인에게 많은 도움이 된다.

자존심이란 자신을 남과 비교 따위는 하지 않는 프라이드를 말한다. 자존심이 있는 사람은 자기에게 어울리지 않는 행동을 하는 것을 수치로 여긴다. 그는 사람들로부터 존경도 받는다. 그러나 자존심이 없는 사람은 누구한테나 존경을 받지 않는다.

자신을 존중하는 마음은 그밖에도 여러 가지 면에서 나타난다. 몸차림을 단정히 한다든가 청결하게 하는 점이 그러한 것이다. 비록 가난하지만 젊은 여성이 항상 몸차림을 단정하고 청결하게 하고 있다는 것은 좋은 인상을 주는 것이다.

'돼지가 더러운 것이 아니라, 그 돼지를 기르는 주인이 더러운 것이다.' 라는 말이 있다. 동물마저도 청결하게 있고 싶어 하는 것이 보통이다. 우리들은 돼지우리의 더러움에 질려서 물러날 때가 있다. 그것은 돼지가 나쁜 것이 아니라 그 주인이 나쁜 것이다. 돼지마저도 될 수 있으면 청결하게 있고 싶어 한다.

나는 헛간에서 키우고 있는 돼지를 본 적이 있다. 그 헛간에서는 안뜰로 나갈 수 있게 되어 있었다. 그 안뜰은 보통의 돼지 우리와 같았지만, 헛간 안의 잠자는 쪽은 아주 깨끗하게 되어 있었다.

잠자는 쪽으로 짚이 있었는데, 그 돼지는 그 짚을 잘게 씹어서 부드럽게 해놓았다. 어떤 방법으로 그렇게 만들어 놓았는지는 모르지만, 그 짚을 전부 헛간 구석으로 깨끗이 모아 놓고 잠을 잘 때는 가능한 한 신선한 공기를 마시기 위해 코를 출구 쪽으로 향하게 하고 그 위에 눕는 것이다.

더러운 곳에서 살고 있는 돼지를 보면 나는 헛간에 있는 돼지와 비교가 되어서 불쌍해진다. 돼지도 될 수 있는 한 청결하게 있고 싶어 한다는 것을 나는 알고 있기 때문이다. 이런 면에서 볼 때, 청결한 것을 좋아하지 않는 인간은 돼지만도 못하다고 할 수 있다.

인간이 그렇게 시키고 있는 것뿐인데 돼지는 본의 아니게도 지저분한 동물의 대명사로 취급되고 있다. 그에 반해서 고양이는 몸차림을 단정하게 하고 있는 동물의 대명사라 할 수 있을 것이다. 고양이는 자기의 몸을 혀로 핥아서 깨끗하게 하기를 좋아한다. 변변치 않는 방법이지만, 고양이로서는 그것이 몸차림을 단정하게 할 수 있는 유일한 수단인 것이다.

이런 이야기가 있다. 한 마리의 고양이가 병이 들어서 약을 먹이지 않으면 안 되게 되었다. 그런데 그 고양이는 아이들처럼 약을 싫어해서 먹지 않았다. 고양이에게는 약을 먹으면 병이 낫는다고 이야기를 해줘도 알아듣지 못하고, 왜 먹지 않으면 안 되는가에 대해서도 전혀 알지 못하기 때문에 어찌할 도리가 없었다.

그때 아일랜드에서 온 지 얼마 되지 않은 한 소녀가, "제게 기름을 주세요. 약을 먹일 테니까요."라고 말하는 것이다. 소녀는 약을 기름에 섞어서 고양이의 몸에 발랐다. 고양이는 그 맛이 싫었지만 털이 더러워지는 것은 더욱 싫었기 때문에 그것을 깨끗하게 핥고 말았다. 이렇게 해서 고양이는 병이 나았다.

청결하게 몸을 단정히 하고 있다는 것은 그 사람의 자존심의 표현이다. 이것은 세상 사람들의 존경을 모으는 데에도 크게 중요하다. 어떤 지위에 앉기를 원하는 사람으로서 깨끗하지 못하고 단정치 못한 몸차림만큼 성공의 기회를 놓치게 하는 것은 없다. 자존심이 있는 사람은 지저분하고 정돈이 되지 않은 집에서 사는 것을 수치스럽게 생각하는 것이다.

3. 깨끗하지 못한 마음은 얼굴에 나타난다
자신을 통제할 수 있는 사람이 자존심 있는 사람이다

외면적인 추함보다 훨씬 나쁜 것이 정신적인 불결함이다. 조금이라도 자존심이 있는 사람이라면 정신적인 불결함에 빠져드는 일이 없다. 깨끗하지 못한 마음은 더러운 얼굴이나 손보다 훨씬 혐오스러운 것이다.

깨끗하지 못한 사고방식을 가지고 있는 사람이 순간적으로 세상 사람들 앞에 자기의 마음이 속속들이 드러나게 되면 어떤 기분이 될까. 남에게 알려졌을 때 부끄러운 짓은 절대로 해서도, 생각해서도 안 되는 것이다.

불결한 사고방식을 가지고 있으면 나중에는 그것이 얼굴에 나타나게 된다. 본인은 아무도 모를 것이라 생각하고 있어도 통찰력이 있는 예리한 사람에게 마음속이 꿰뚫어 보이게 되면 그것으로 인해 결국 다른 이유로서는 생각할 수 없을 만큼의 혐오를 받게 된다.

그러나 자존심이 있으면 피할 수 있는 것이 많다. 자존심은 바로 온갖 악덕의 적이며, 온갖 미덕의 편이다. 그것은 인간다움의 진수이기 때문이다.

사람으로서 몸에 익혀야 할 가장 중요한 것의 하나가 자제심이다. 자제심이 없는 인간은 언제나 기분이 내키는 대로 행동한다. 아무리 잔혹

하고 몰인정한 짓이라도 생각이 나면 해버린다. 몸에 나쁜 것이라 할지라도 상관없이 먹고 싶은 것을 먹고 마시고 싶은 것을 마신다.

감당할 수 없는 아이들이나 훈련받지 않은 개와 마찬가지로 교양을 갖추지 못한 것이다. 이 경우의 교양이란 자기 자신을 다룰 수 있는 자제심을 몸에 익히는 것이다.

자기에게 어느 정도의 자제심이 있는 가를 알기 위해서는 자기가 무척 갖고 싶어 하는, 또는 하고 싶어 하는 매력적인 것에 대해 때로는 자제해 보는 것도 좋다. 말하자면 그것은 개를 훈련시킬 때 무엇인가를 금하는 것과 같은 것이다. 개에게 무엇을 금지시키는 훈련을 시키는 것은 어떤 해로운 것에 대한 금지가 아니라 사람의 명령을 듣도록 훈련시키기 위해서다.

나는 자기의 코앞에 놓여진 고기를 보고도 명령이 내릴 때까지 절대로 먹으려 하지 않는 개를 본 적이 있다. 이런 개가 철저하게 훈련받은 개라는 것이다. 이 개의 주인이 자기의 개를 능숙하게 다루는 것처럼 우리들은 자기 자신을 잘 다룰 수 있지 않으면 안 된다. 자신을 다스릴 줄 모르는 인간은 무슨 일에든 동요되고 만다. 그것은 마치 잘 조련되어 있지 않은 말을 타고 달리는 사람과 같은 것이다. 말은 중요한 순간에 무엇인가에 놀라서 미친 듯이 달려가기 시작할지도 모른다. 이렇게 되면 고삐를 잡고 아주 익숙하게 말을 타고 있는 것처럼 보였던 사람도 땅바닥에 내팽개쳐지고 마는 것이다.

그리스나 인도의 고대 철학자들은 사리 분별의 유무를 말의 조련이 잘되고 안 되는 것에 비유하고있다. 이 비유는 현대인에 대해서도 마찬가지다.

4. 취미와 기호는 적당한 정도만
자기 절제를 못하는 사람은 성공할 수 없다

식욕을 돋우는 것이라면 무엇이든 닥치는 대로 먹는 습관을 '폭식'이라 하는데, 이것은 왕왕 건강을 크게 해치는 경우가 있다. 그뿐만 아니라 폭식하는 습관은 나이가 들어서 온갖 몹쓸 병에 걸릴 원인을 제공하는 것이다.

폭식하는 습관보다 더욱 위험한 것이 맛있어 보이는 것이라면 무엇이든 마시는 습관이다. 그것이 술인 경우에는 폭음이 되는 것이다. 알코올중독은 인간이 빠져들기 쉬운 경멸해야 할 악습 가운데 하나다. 그것은 대단히 위험한 습관으로, 이 습관이 몸에 배는 것은 자제심이 부족하기 때문이다. 일단 알코올중독이 몸에 배면 이번에는 조금 남아있던 자제심까지 없애고 만다. 알코올중독자는 자제심을 완전히 포기한다. 그것은 위험한 장소 한복판에서 말의 고삐를 풀어주고 말이 마음대로 뛰어다니게 하는 것과 같은 것이다. 아주 온화한 사람이 과음을 하면 싸움을 하려 하고, 매우 친절했던 사람이 잔혹, 비정하게 되고, 대단히 사려 깊은 사람이 어리석은 짓을 하는 등 누구나 한결같이 어리석은 사람이 되고 만다.

음주는 수반하는 큰 위험은 술에 빠지면 자기를 억제할 수 없게 된다는 것이다. '가끔 한 잔 마실 정도라면 별 문제가 아니겠지' 하고 친구에게 권유받거나 반대로 친구에게 한 잔 술을 사거나 해서 마신다. 혹은 '다른 사람이 마시니까' 라고 하던가, 술이 좋아졌기 때문이라는 이유로 마신다. 그러나 이것이 쌓이고 쌓이면 본인도 모르는 사이에 급속히 알코올중독 자처럼 되어 버린다. 이렇게 되면 자신의 무력감을 통감할 뿐이다.

알코올중독자에게는 술에 대한 굶주림과 갈증에 대한 욕망만큼 무서운 것도 없다. 그것은 자기의 양친이나 처자에 대한 애정보다도 능가하고, 남들에 대한 체면을 지키는 마음보다 앞서며, 가난이나 조소를 두려워하는 기분보다도 강하다. 타는 듯한 갈증을 느끼고, 그 고통은 상상할 수가 없다. 게다가 그것은 영원히 해소되지 않는 갈증이다.

* 정직한 인간은 신(神)이 창조한 가장 고상한 작품이다.
  – 포우(1688~1744 영국의 시인)
* 남한테서 받는 자는 남을 어려워하고, 남에게 주는 자는 교만하다.
  – 유교 도덕집 설원(說苑)중에서

5. 나이아가라 폭포도 역류해 갈 수 있다
시작하는 그 순간이 당신의 미래를 좌우한다

폭식이나 폭음 증상이 나타날 우려가 전혀 없는 사람이 있을 수 없다. 또 언제 그 증상이 나타날지 예측할 수도 없다. 남을 비웃고 있는 자신이 그 광폭한 악마의 먹이가 될지도 모르는 것이다.

나이아가라 폭포라 해도 상류에서는 강을 저어 내려가다가도 마음만 먹으면 방향을 전환할 수 있다. 그러나 좀더 하류까지 내려가면 이미 되돌려 갈 수 없는 지점에 도달한다. 문제가 되는 것은 그 지점에 언제 도달하는지를 본인으로서는 전혀 모른다는 것이다. 그는 항상 아직 안전하고 되돌려 갈 수 있다고 생각하고 있다. 그러나 흐르는 물은 언제라도 그를 휩쓸어서 무서운 기세로 낙하하기 시작하는 지점까지 흘러가는 것이다.

술을 마시기 시작하는 경우도 이와 마찬가지이다. 어디서부터가 자기 의지로써는 어쩔 수 없게 되는지 본인은 예측할 수 없다. 알코올중독자라 할지라도 그것을 개선하는 데 있어서 때가 너무 늦었다는 것은 없다. 그러나 개선을 하려면 상상할 수 없는 고통스런 노력을 하지 않으면 안 된다. 그러나 그만한 힘과 해야겠다는 각오가 있는 사람은 별로 없는 것 같다.

술의 유혹에 빠져 있는 청소년이나 술의 유혹에 빠지기 쉬운 청소년에게 유일하고 안전한 길을 술을 일체 입에 대지 않는 것이다. 그러면 안전하다. 비록 처음에는 아주 조금밖에 마시지 않아도 일단 술을 입에 대면 돌이킬 수 없는 급류에 휩쓸리기 쉽다. 그런 위험성이 있다고 말하면 웃어넘기는 사람이 있는데, 그것은 전염병에 전염될 위험성을 웃어넘기는 것과 마찬가지다. 자기의 건강을 자랑하며 "나는 걱정 없다."라고 말하고 있어도 다음 순간에는 병균이 그의 몸에 점령해 버릴 지도 모르는 것이다.

* 달성하겠다고 결심한 목적을 단 한 번의 패배 때문에 포기 하지 말라.
　　　　　　　－ 셰익스피어(1564~1616 영국의 극작가 · 시인

6. 철저하게 하는 것, 그것이 자신自信이다

어려움을 자기 힘으로 성취하면 진정한 기쁨이 된다

일찍부터 자기 자신을 신뢰하는 것을 익히는 것이 중요하다. 자기 주변에서 항상 자기를 도와주는 사람을 찾고 있는 그런 인간이 이 세상에서 성공했다는 예를 들어본 일이 없다.

그리고 '자신(自信)'과 '자만심'을 혼동하지 않도록 주의하지 않으면 안 된다. 이 두 가지의 차이를 말로 정의한다는 것은 쉽지 않다.

자만심이 강한 사람은 자기가 남보다 뛰어나 있음은 당연하다고 생각한다. 자만심이 강한 아가씨는 자기는 다른 여자들보다 미인인데다 품위 있고 재능이 있으며, 공부도 잘하고 문장력도 풍부하다고 생각하고 있다. 무엇이든 남보다 잘하고, 자기가 하는 방식이 항상 제일 좋다고 생각하고 있다. 자만심이 강한 소년에 대해서도 마찬가지다. 자만심에 빠지면 그것을 개선하기란 쉽지 않다.

자만심이 강한 인간은 모두 한결같이 자기는 거의 완벽하다고 생각하고 있어서 점점 자만심이 강해지기 때문이다. 학교생활의 한 가지 이점은 그와 같은 자만심을 다소나마 배제할 수 있다는 것이다. 자기보다도 우수한 사람이 있다는 것을 알게 되며, 자만할 것 같으면 급우들이 용서 하지 않기 때문이다.

자신(自信)은 자만심과는 아주 다른 것이다. 자신이 있는 인물은 대단히 겸허하다. 무엇을 하는 데에도 그는 "나는 현명하기 때문에 할 수 있다."라는 말 따위는 하지 않는다. "해보자. 어디까지 할 수 있을지 모르겠지만, 인내와 노력으로 하면 할 수 있을 것이다."라고 말하는 것이다.

자신(自信)을 키우려면 피로에 지쳐서 더 이상 자기 혼자서는 도저히 해낼 것 같지 않다는 지경이 아니면 결코 남의 조력을 구한다거나 받아들이지 않다는 지경이 아니면 결코 남의 조력을 구한다거나 받아들이지 않는 것이다. 어려운 문제에 직면하면 당장에 선생님이나 선배, 혹은 자기보다 잘할 수 있는 동급생에게 가서 배우려는 학생이 있다. 그러나 먼저 자기 자신이 철저하게 해보는 것이다. 비록 그것이 수수께끼를 푸는 정도의 것이라도 더 이상 도저히 안 되겠다고 하는 생각의 끝이 아니고서는 누군가에게 정답을 가르쳐 달래야지 하는 생각을 해서는 안 된다.

어려운 것을 자기 힘으로 성취한 기분은 상쾌한 것이다. 어려운 것이라면 항상 남의 도움을 받으려고 하는 자는 이런 기분을 결코 맛볼 수 없을 것이다. 그것은 험악한 산을 올라갔을 때의 상쾌함과도 비슷한 것이다. 거기에는 오르기 어려운 언덕을 올라갔다는 긍지와 무리하게 긴장하지 않고 근육을 운동시킨 후의 상쾌한 기분이 내포되어 있다. 머리를 써서 어려운 과제를 배운다거나 복잡한 문제를 풀거나 한 경우에도 그와 비슷한 상쾌한 기분이 될 수 있는 것이다.

하나의 어려움을 극복한 사람은 언제나 자신을 가지고 다음의 어려움에 대처하는 마음 자세가 되어 있다. 나중에 가서 남들이 무엇을 할 것인가 혹은 할까 말까 망설이고 있는 동안에 그는 전진하여 자기가 착수한 것을 척척 이룩해 가는 것이다 비록 최선책은 아니라도 하지 않는 것보다 하는 것이 좋다. 자기의 사고방식에 자신을 갖는 것은 자신을 가지고 행동하는 것과 마찬가지로 중요한 것이다.

7. 노력으로 얻은 지혜는 모든 것에 통한다

도움받기보다는 스스로 결정하는 것이 더욱 유용하다

좀처럼 모든 일에 결단을 내리지 못하는 사람이 있다. 그들은 차례차례로 여러 사람에게 조언을 구한다. 그런데 주어진 조언은 서로가 모순되는 것이다. 그렇게 되면 그 사람은 전보다도 더 결심을 할 수 없게 되고 만다.

조언의 진가를 가장 잘 알 수 있는 것은 자기 자신에게 자신 있는 인물이다. 그는 자기의 능력을 잘 알고 있어서 어떤 경우에 조력이 필요한 가를 잘 알고 있기 때문이다. 그리고 지혜와 경험 있는 사람들로부터의 조언은 감사히 받아들여야 할 것이다. 그러나 일반적으로 말해서 타인의 입장이 되어 그 사람이 정말 필요로 하고 있는 조언을 정확히 해준다는 것은 대단히 어려운 경우가 많다.

무엇을 하지 않으면 안 된다는 사실이 최선의 수단을 생각나게 해주는 예가 흔히 있다. 무엇을 하지 않으면 안 된다는 책임감이 친구에게 조언을 구하는 것보다 훨씬 유용하다. 자신의 계획에 대해서 친구와 의논하는 것이 즐겁기도 하고 때로는 유익하기도 하다. 그러나 결단을 내리는 것은 자기 자신이라는 것을 항상 잊어서는 안 된다.

미국의 위인들 가운데에는 왜 가난 속에서 태어난 인물이 많은지 그 이유를 생각해 본 적이 있는가. 그들의 대부분은 어린 시절을 소위 서부 개척지에서 지냈다. 그런 곳에서의 노동은 격심하고 학교도 없고 생활도 불편했다. 그들은 그런 엄한 환경 속에서 자라나 대통령이나 법관, 장군 혹은 대부호가 된 것이다.

고난의 어린 시절을 지냈고 후에 성공한 사람들의 이름을 일람표를 작성해 보는 것도 재미있는 놀이가 될 것이다. 그런 인물들을 정성 들여 조사해서 그 이름을 나열해 보면 그 리스트의 길이에 놀랄 것이다. 그리고 이 리스트를 영웅열전의 하나로서 보존해 두면 좋을 것이다.

고난의 어린 시절을 지낸 사람들이 모두 높은 지위에 있는 것은 아니다. 그러나 비록 높은 지위에 있지 못한 사람들이라 해도 그들은 대개가 진취적 기질이 풍부하여 사회에 유용한 인물이 되어 있다. 그 이름이 위인의 리스트에 오르진 못했다 해도 세계적으로 유명해진 사람들에게 뒤지지 않는 성공을 하여 아마도 그 사람들보다 더 행복한 인생을 살고 있을 것이다.

이와 같이 전도 다난한 인생의 출발점을 경험한 사람들의 대부분이 이만한 성공을 한 이유 중의 하나는, 그들은 거의 남에게 조력을 얻지 못하고 스스로를 믿을 수밖에 없었다는 것이다. 그들은 그렇게 자신(自信)을 몸에 익혀서 사회에 나가자 곧바로 전진을 했다. 누가 장소를 비워주기를 기다리려 하지 않고 자기의 장소는 자기 스스로가 만들었다. 누가 해주기를 기대하지 않고 스스로를 신뢰한 결과다. 그들은 기민하고 정력적이며, 또한 사려가 깊은 사람들이었다. 따라서 사람들의 신뢰를 받고 또 존경받는 것이다.

그들에게는 주어지지 않았던 갖가지 조력을 받게 될 기회가 있다 해도 여러분들은 먼저 자신(自信)을 기르는 습관을 배양해야 한다. 자기의 문제는 스스로 해결하고, 자기의 공부는 스스로 하고, 자기의 곤란에는 자력으로 대처해 나가는 것이다. 그것이 사회에 나갔을 대 자기의 임무를 다할 수 있는 준비가 되는 것이다.

8. '누군가를 위해서'가 아닌 '자기를 위해서'다

인생은 결국 자기 자신의 몫이다

젊은 시절의 이야기인데, 어느 날 나는 한 친구와 함께 숲 속의 호숫가에 서 있었다. 우리들은 호수 가운데서 낚시를 하고 싶었으나, 어찌할 방법이 없어 그저 우두커니 호수만 쳐다보고 있었다.

그런데 그때 보트를 빌려서 제일 좋은 낚시터를 가르쳐 주겠다는 10세 가량의 소년을 만났다. 소년은 우리들과 함께 호수 쪽으로 매우 부지런히 노를 저어 나갔다. 낚시가 끝난 후 우리들은 보트 임대료와 소년의 수고에 대한 사례로 약간의 돈을 주려고 했다. 그러자 그 소년은 거절했다. 그리고 그는 허리를 펴며 이렇게 말했다.

"저도 낚시를 하고 싶었답니다."

그때 그 소년의 남자다운 태도, 자신에 넘쳐 자기에게 만족하고 있던 소년을 나는 자주 생각하곤 한다. 그는 낯선 사람에게서 자기가 필요로 하지 않는 선물을 받고 싶지 않았던 것이다. 이 소년의 추억에서 나는 어렸을 때 읽었던 한 우화를 생각해 냈다.

종달새 가족이 곡식밭에 둥지를 지었다. 어느 날 저녁 어미 종달새가 둥지에 돌아와 보니 새끼들이 무서워 겁에 떨고 있었다.

"속히 이 둥지에서 이사하지 않으면 안 돼요."하고 새끼 종달새들이 외쳤다.

농부가 다음날 이웃 사람들과 함께 곡식을 베어야 한다는 말을 했다는 것이다.

그런데 어미는 "그래? 그 정도라면 둥지 속에 가만히 숨어 있으면 걱정 없다."라고 말하는 것이다.

다음날 저녁에 어미 새가 돌아오자 또다시 새끼들이 겁에 떨고 있었다. 농부는 이웃 사람들이 와주지 않아서 화를 내었다는 것이다. 그리고 다음날에는 친척들에게 거들어 달래야겠다는 것이다. 어미 새는 이번에도 별로 걱정하는 빛이 없이 아무것도 무서워할 것 없다고 말하는 것이다.

그 다음날은 종달새들은 대단히 즐거운 듯했다.

"오늘은 아무도 소리도 듣지 못했니?"라고 어미 새가 묻자, 새끼들은 "특별한 일은 없었어요. 다만 친척들도 와주지 않아서 농부는 또다시 화를 내며 아들에게 이렇게 말했어요. '이웃 사람들도, 친척들도 도와줄 것 같지 않다. 내일이야말로 우리들의 힘으로 베이들이지 않으면 안 되겠다.' 라고요." 하고 말을 하였다.

그 말을 들은 어미 새는 이번에는 긴장하는 빛이 나타났다. 그리고 "오늘밤 이사를 하지 않으면 안 돼. 사람들이 스스로 곧 하겠다고 결정하면 반드시 실행한다고 생각해도 좋을 것이다."라고 말했다.

9. 끊임없는 노력과 극기심

예술가의 명성은 행운이나 우연이 아닌 진지한 노력과 근면의 결과다

훌륭한 예술도 다른 분야와 마찬가지로 몸과 마음을 바쳐 최선을 다해 열심히 노력해야만 얻을 수 있다. 훌륭한 회화든 기품이 넘치는 조각이든 우연한 결과로 얻어진 산물은 결코 없다. 예술가의 숙달된 붓놀림이나 끌이 움직여 이루는 조화는 아무리 천성의 재능이 있다고는 하지만 역시 부단한 수련의 결실인 것이다.

화가 레놀즈도 이런 생각을 믿고 있었다.

"훌륭한 예술은 천부의 재능이라든가 선천적인 심미안, 신이 내려 주신 것이라는 등의 말로 표현되는데 실은 작가의 한결 같은 노력에 의해 얻어지는 것이 아닐까."라고 그는 기술하고있다.

또 그의 친구에게 보내는 편지 한 구절에 다음과 같은 말을 적어 보냈다.

"회화든 다른 어떤 예술이든 탁월한 작품을 창출하려고 결심했다면 아침 일찍 일어나서 밤에 잠들 때까지 모든 정신을 거기에 기울여야 한다." 다른 곳에는 이렇게도 말하고 있다.

"예술가로서 남보다 뛰어나려고 생각한다면 기분이 내키든 안 내키든 아침, 낮, 밤 할 것 없이 일심전력으로 제작에 몰두 해야 한다. 그것은 이

미 즐거움의 영역을 초월한 고행이라할 수 없다."

물론 선천적으로 재능이 없는 사람은 아무리 힘껏 노력을 해도 훌륭한 예술가가 될 수 없을 것이다. 그러나 재능이 천성이라고 한다면 그 재능을 연마하고 완성시키는 것은 자기 수양의 힘이다. 게다가 만인에게 평등한 기회가 주어져 있는 학교 교육보다 자기 수양이 재능을 높이는데 훨씬 도움이 된다는 것은 말할 것도 없다.

예술가가 얻은 명성은 결코 행운이나 우연의 힘이 아니라 진지한 노력과 근면의 결과다. 예술가 중에는 명성에 의해서 부를 이루는 자도 있지만 부 자체가 그들의 주요한 목적이 되는 일은 좀처럼 없다. 실제 예술가는 젊었을 때부터 자신을 내던지면서까지 창조활동에 힘쓰고있는데, 단순히 돈을 원한 사람은 그와 같은 고생스런 생활을 계속할 수 없다. 예술의 진수를 추구하는 것은 기쁨이지만 그 기쁨을 얻을 수 있는 것만으로 예술가는 충분히 만족한다. 부 같은 것은 그에 뒤따르는 우연에 불과하다.

뜻이 높은 예술가의 대부분은 스스로의 천성이 향하는 대로 살며 세상과의 타협을 싫어한다. 스페인의 화가 리베라[36]는 높은 명성과 부를 손에 넣은 후에도 사치스런 생활에 빠질 것을 피해 자처하여 가난한 생활로 돌아가서 그림에 힘을 썼다.

또 미켈란젤로[37]는 돈 때문에 그림을 그리고 있는 화가에 대해서 어떻게 생각하는가 하는 물음에 이렇게 대답했다.

"뭐니 뭐니 해도 부자가 되고 싶다고 하는 마음을 버리지 않는 한 예술가로서는 평생 출세를 못할 것이다."

---

36) Ribera, Jose de 1591(?)~1652 스페인의 화가
37) Michelangelo, Buonarroti 1475~1564 이탈리아의 조각가, 화가, 건축가

전술한 화가 레놀즈가 마찬가지로 미켈란젤로도 노력의 중요성을 굳게 믿고 있었다. 마음이 움직이는 대로 자유 자재로 끝을 놀릴 수 있을 때까지 수련을 쌓으면 머리에 떠오른 어떠한 구상도 대리석에 그대로 표현할 수 있게 된다고 그는 주장했다. 미켈란젤로는 피로한 기색도 보이지 않고 창작에 열중하는 타입의 사람이었다. 그는 동시대 예술가 중 그 누구보다 긴 시간을 일에 몰두했는데 그렇게 할 수 있었던 것도 그 자신의 검소한 생활 습관 덕분이다.

거의 하루 종일 제작에 매달려 있는 미켈란젤로가 필요로 한 것은 한 조각 빵과 한 잔의 와인뿐이었다. 밤에도 일을 계속했는데 그럴 대는 두꺼운 종이로 만든 모자에 양초를 세워서 그 빛으로 조각상을 비추면서 끌을 놀렸다. 피로하면 옷을 입은 채로 자고 피로가 가시면 곧 일어나 일을 했다.

미켈란젤로의 작품 중 모래시계를 가진 노인이 손수레에 타고 있는 상이 있는데 그 모래시계에는 '나는 지금도 계속 공부한다.' 라는 비문이 새겨져 있다.

예술가의 위대한 작품을 보더라도 거기에 강한 인내와 노력, 오랜 시간의 수련의 자취를 느낄 수 있는 사람은 적다. 그들 작품은 마치 간단하고 극히 짧은 기간에 만들어진 것처럼 생각된다. 그러나 그 이면에는 상상할 수 없는 작가의 고통이 숨어 있는 것이다. 어느 날, 한 귀족이 미켈란젤로에게 자신의 흉상을 의뢰했다. 그는 열흘 만에 그 상을 완성하고 대금으로서 금화 50매를 청구했다.

귀족은, "고작 열흘을 완성한 작품으로서는 당치 않은 대금이다." 라고 항의했다. 그러나 미켈란젤로는 이렇게 대답했다. "당신은 잊고 있는 게 있습니다. 흉상을 열흘 만에 완성할 수 있도록 내가 30년 동안 수업을 쌓아왔다는 것을 말입니다."

그와 같은 자세야말로 예술은 원래인생 그 자체에 성공의 조건이 숨겨져 있다는 사실을 보여 주는 것이 아닐까.

10. 고생 끝에 얻은 것이야말로 진짜다
천재성보다는 노력으로 얻은 성공이 더욱 값지다

설사 재능을 타고난 사람이라 할지라도 예술의 극치를 이루기 위해서는 오랜 기간에 걸친 지속적인 노력을 빼놓을 수 없다. 어려서 신동이라고 했었는데도 불구하고 그 후 재능을 살리는 데 노력하지 않아 결국은 '보통사람' 이 된 사람도 많다.

그 중에서도 으뜸가는 예가 화가 벤자민 웨스트[38]다. 그는 불과 7살 때 조카가 요람에서 자고있는 모습을 보고 그 아름다움에 감동하여, 급히 종이를 준비하여 아기의 얼굴을 스케치하기 시작했다. 이 대수롭지 않은 일에서부터 예술가로서의 소질은 세상에 알려지고, 사람들은 이 천재 소년을 멋대로 평가했다. 그러나 이러한 너무 일직 성공을 가져온 것이 웨스트의 미래를 손상시키는 결과가 되었다. 그렇지만 않았어도 그는 좀더 위대한 화가가 되었을 지도 모른다.

분명히 그의 명성은 컸지만 그것은 학문이나 시행착오나 고통을 통해서 얻어진 것이 아니었다. 때문에 결국은 그 명성도 오래 계속되지 못하고 끝나고 마는 것이다.

38) West, Benjamin 1738~1820 영국에서 활약한 미국의 역사화가

반대로 어려운 소년 시절에 끊임없이 노력을 계속하여 위대한 예술가가 된 사람도 많다. 프랑스의 화가 클로드 로랭[39]은 로렌느 지방의 가난한 집에서 태어나 처음에는 페스프리(파이의 일종) 제조공의 제자로 들어갔다. 그 후 나무 조각가였던 형의 밑에서 나무 조각의 기술을 배웠는데 거기서 그는 차츰 예술적인 기량을 발휘하기 시작했다.

어느 날, 한 행상이 클로드의 소질에 주목하고 그를 이탈리아로 데리고 가고 싶다고 형을 설득했다. 그는 형의 승낙을 얻어 로마에 있는 화가 어고스티노 타시의 집에 심부름꾼으로있게 된다. 타시 밑에서 풍경화를 배운 클로드는 이윽고 스스로도 작품을 발표하기 시작한다. 그러는 한편 각 나라를 돌면서 서서히 그림을 그리는 재능을 연마했다. 이렇게 해서 클로드에게 차츰 주문이 쇄도하게 되고, 그 평판은 전 유럽으로 퍼져갔다.

클로드는 자연의 여러 가지 표정에서 회화의 진수를 배워 섭취하는 연습을 묵묵히 계속했다. 하루의 대부분을 건물이나 토지, 나무들을 그리며 지내는 것이었다. 또 새벽녘부터 해가 질 때까지 하늘을 바라보며 흘러가는 구름의 변화와 해를 가리는 모습 등을 관찰했다.

이와 같이 항상 수련했던 덕분에 시간이 오래 걸리긴 했지만 클로드는 그림의 기량과 심미안을 높이고 어느덧 '최고의 풍경 화가' 라고까지 일컬어지게 되었던 것이다.

또다른 풍경 화가 타나는 '영국의 클로드' 라 일컬어지고 있는데, 작풍은 말할 것도 없고 성장 과정에도 공통점이 많다. 타나 역시 고학 끝에 명성을 얻은 예술가인 것이다. 타나의 부친은 런던에서 이발소를 경영하고있었기 때문에 그도 어렸을 때부터 그 일을 거들고 있었다.

---

39) Lorrain, Claude 1600~1682 프랑스의 화가

어느 날, 그가 은제 쟁반에 그려져 있던 문장의 무늬를 스케치하고있을 때, 손님 중 한 사람이 그 그림을 보고 감탄하여 그림의 소질을 신장시켜 보는 게 어떻겠냐고 부친에게 권했다. 그것이 계기가 되어 타나는 화가의 길로 들어선 것이다.

젊은 예술가의 대부분이 삶에 어려운 일이 많은 것처럼 타나도 그 예외는 아니었다. 게다가 그는 가난했기 때문에 고통은 더욱 컸다. 그러나 그는 그림의 제작에 둘러싼 고통을 마다 않고 뼈를 깎는 듯한 힘든 수업에 힘썼다. 남의 그림에 덧칠하기 같은 일이라도 자처해서 맡았고 하룻밤에 5실링을 얻어서 그것을 저녁식사 대금으로 충당했다. 이렇게 해서 그는 돈을 벌자 전문적인 기술을 익혔다. 또 여행안내서나 연감의 일러스트를 그리기도 하고 책의 표지 그림을 그리는 일을 맡기도 하면서 얼마 안 되는 돈을 벌었다.

"당시 내가 달리 할 수 있는 방법이 없었다. 그것이야말로 내가 할 수 있는 최선의 연습 방법이었던 것이다."라고 훗날 타나는 기술하고 있다.

그는 타산이 맞지 않는 일에도 주의 깊게 정성껏 했다. 항상 최선을 다하고 전의 일보다 한 걸음이든 두 걸음이든 전진한 것을 그리려고 노력했다. 타나와 같이 일에 전념하면 누구나 나아질 수 있는 것이다.

타나의 그림을 그리는 재능은 이처럼 노력에 노력을 거듭해서 높아져 갔다. 그러나 그에 대한 더 이상의 칭찬은 소용없는지도 모른다. 왜냐하면 현재 남아있는 그의 작품이 그 불후의 명성을 확실히 보여주고 있기 때문이다.

* 인생의 목적은 고뇌도 아니고 향락도 아니다. 우리들이 다 해야 할 의무가 주어진 일이다. 정직하게 끝까지 할 수 있는 한, 해야 할 것이다. - 토크빌(1805~1859 프랑스의 정치가)

조각가 존 플랙스만[40]은 런던에서 석고상을 취급하는 소상인의 집에서 태어났다. 어렸을 때는 허약해서 가게의 카운터 뒤에 쿠션을 등에 대고 앉아서 그림을 그리기도 하고 책을 읽는 것을 낙으로 삼고 있었다.

어느 날, 플랙스만은 목사님으로부터 호미[41]의 시와 세르반테스[42]의 〈돈키호테〉를 읽으라는 권유를 받았다. 그는 특히 호머의 작품 전편에 숨 쉬고 있는 영웅주의에 매료되어 일리아드[43]나 아킬레스[44]등의 영웅 상을 만들려고 생각했다. 그런데 단지 젊은에 의지한 노력이라는 것이 모두가 비슷하듯이 그의 최초의 작품도 변변치 않은 것이었다. 그러나 아들의 작품을 자랑스럽게 생각한 아버지가 그 중 몇 점을 한 유명한 조각가에게 보였더니 그 조각가는 '흥' 하고 코방귀를 뀌며 외면을 했다고 한다.

---

40) Flaxman, John 1755~1826 영국의 조각가, 소묘가
41) Homeros ?~? 고대 그리스의 시인, 「일리아드」와 「오딧세이」지음
42) Cervantes Saavedra, Miguel de 1547~1616 스페인의 소설가, 극작가 「돈키호테」 지음
43) 호머의 작품 「일리아드」의 주인공
44) 호머의 작품 「오딧세이」의 주인공

그러나 플랙스만은 예술가에 적합한 근면과 인내라는 자질을 갖추고 있었다. 그는 좌절하지 않고 독서를 계속하고 그림과 조각의 제작에 힘썼다. 그의 초기 작품 몇 점은 현재도 보존되어 있지만 그것은 작품이 훌륭하기 때문이 아니라 한 천재의 당시 끈기있는 노력의 자취가 거기에 여지없이 표현되어있기 때문이다. 그가 혼자 일어설 수 있게 될 때까지는 긴 시간이 걸렸다. 게다가 처음에는 목발 짚고 뒤뚱뒤뚱하는 걸음걸이였다. 그러나 마지막에는 목발 없이도 걸을 수 있을 정도로 그는 늠름하게 성장한 것이다.

풍속화가 데이비느 윌키의 생애에도 성실하고 끈기 있는 근면한 자세가 관철되어 있다.

스코틀랜드의 목사 아들로 태어난 그는 일찍부터 예술적 재능을 보이고 있었다. 학교에서는 게으른 열등생으로 알려졌지만, 그림을 그리는 시간만 되면 그 순간부터 갑자기 열중하는 소년이었다. 과묵한 소년 시절부터 그는 열정적인 성격을 가지고 있었다. 그것은 일생을 통해서 그의 개성이 되었다.

윌키는 늘 그림을 그릴 기회를 찾고 있었다. 목사관의 벽이나 강가의 모래사장은 그의 목적을 만족시켜 줄 좋은 장소였다. 어떤 것이라도 연구하기에 따라서 그림을 그리는 데 도움이 된다. 타다 남은 나뭇조각은 연필로, 매끄러운 바위는 캔버스로, 넝마를 걸친 거지를 만나면 당장 그것은 그림의 소재가 된다. 다른 집에 가서는 벽 가득히 낙서를 남기는 바람에 벽을 보면 윌키 소년이 왔다가 갔다는 것을 알 수 있을 정도였다고 한다.

부친은 목사라는 직업 때문에 화가라는 직업은 못마땅하게 생각하였고, 아들이 화가가 되는 것에 반대 입장이었다. 그럼에도 불구하고 아들의 결심을 바꾸지 못했고, 결국 윌키는 화가를 지향하여 험난한 비탈길을 힘차게 올라가게 된다.

그는 스코틀랜드 미술원에 입학 신청을 하지만 작품이 변변치 못하고 정확성이 부족하다는 이유로 처음에는 거절당했다. 하지만 그는 보다 훌륭한 작품이 완성될 때까지 분발하여 결국은 훌륭하게 합격한다. 입학하고 나서도 그의 진보는 느렸지만 인물화의 제작에 몰두하고 있는 그의 모습은 성공을 결심하여 그 노력의 결과에 확고한 자신을 가지고 있는 것 같았다.

* 나는 15세에 학문에 뜻을 두고, 30세에 자립했고, 40세에 마음이 흔들리지 않았고, 50세에 천명을 알았으며, 60세에는 들은 바에 따라 순리를 따르고, 70세에는 후회가없었다. - 공자(孔子, 551 B.C.~478 B.C. 중국 유교의 시조)

12. 일하라, 일하라, 좀더 일하라

천재보다는 성실한 보통사람이 성공할 가능성이 더 높다

천재임을 스스로 인정하는 사람은 특이한 성격 소유자나 변덕쟁이로 일에 열중하는 타입이 많다. 그러나 윌키는 달랐다. 그는 오로지 착실한 노력을 거듭했다.

"나의 성공은 천부적인 재능이라기보다 끈기 있는 노력의 결실이다. 나의 그림이 숙달된 이유는 단 한마디로 말할 수 있다. 다시 말해서 끊임없이 공부하였기 때문이다."라고 훗날 그는 기술하고 있다.

훗날 윌키는 런던으로 나가서 싸구려 하숙에서 지내면서 '마을의 정치가들'을 그렸다. 이 그림은 호평을 받았고 그림의 주문도 늘었다. 그러나 그는 오랫동안 궁핍한 생활을 하지 않으면 안 되었다. 왜냐하면 제작에 너무나 시간과 노력을 들였기 때문에 그 그림이 팔려도 거의 벌이가 되지 않았기 때문이다.

실제 그는 한 장의 그림을 그리는 데도 사전에 철저히 조사하여 정성껏 준비했다. 단순에 E 같은 것은 한 장도 없었고 대부분은 완성까지 몇 년이 걸렸다. 일단 완성된 그림도 다시 고쳐 그리고 또 수정을 하고 겨우 햇빛을 보기에 이른 것이다. 그만큼 조심성이 많았던 것이다.

'일하라! 일하라! 좀더 일하라!'

이것이 윌키의 좌우명이었다. 그는 수다를 좋아하는 예술가를 극도로 싫어했다. '언제나 무엇인가 일을 하고 있자.' 라고 말하고 그는 분별없이 수다 떨기를 좋아하는 사람을 비난하고 게으름뱅이에게 경고를 주었다.

또 어느 때는 친구에게 이런 이야기도 했다. 윌키의 스코틀랜드 미술원 재학 중 당시의 학장은 화가 레놀즈의 다음 날을 학생들에게 즐겨 들려주었다고 한다.

"여러분이 천성적 재능을 타고났다면 근면이 그것을 더욱 높여 줄 것이다. 만약 재능을 타고나지 못했다 해도 근면이 그것을 대신해 줄 것이다."

"때문에……." 하고 윌키는 계속했다.

"나는 힘껏 노력하려고 결심한 것이다. 선천적으로 타고나지 못했다는 것쯤은 스스로도 잘 알고 있기 때문에……."

13. 향학심에 불탄 사람에게 벽은 없다

가난이나 어려움은 스스로 극복할 수 있는 단순한 장애물이다

가난하게 살면서도 용기와 인내로 어려움과 맞서서 결국 성공을 한 예술가는 많다. 반면 빈곤을 견디지 못하고 자신의 재능을 살리지 못한 채 사람들의 기억 저편으로 사라져 버린 사람도 많다.

화가 존 마틴도 드물게 빈곤을 경험한 사람의 하나다. 처음 대작에 도전하고있는 동안에도 그는 자주 기아 직전까지 몰렸다. 어느 날은 수중에 겨우 은화 1실링 밖에 남아있지 않았다. 그 은화가 너무 훌륭하게 광택을 내고 있었기 때문에 최후까지 쓰지 않고 있었는데, 다른 방법이 없어진 그는 결국 그것으로 빵을 사러 갔다.

빵을 사서 돌아오려고 하자 가게 주인이 갑자기 빵을 마틴의 손에서 빼앗았다. 그리고 지불했던 은화를 내던지는 것이 아닌가. 그것은 가짜였던 것이다. 하숙으로 돌아오자 그는 사방을 뒤져서 빵 한 조각을 겨우 찾아내 그것으로 간신히 굶주림을 면했다고 한다.

이런 비참한 상태에서도 마틴은 그림 그리는 것에만 열중했다. 정력적으로 구상을 했다. 오로지 노력하고 그리고 시기를 기다리는 용기가 그에게 있었던 것이다. 며칠 후에 작품이 발표되자, 세상은 모두 그의 그림

솜씨를 칭찬하고 명성은 확고하게 되었다.

어떤 경우에 처하더라도 근면에 의해서 천부적 재능을 더욱 연마하여 나가면 스스로를 지킬 힘은 반드시 주어진다. 아무리 늦어도 반드시 명성이 찾아오는 것이다. 많은 위대한 예술가와 마찬가지로 마틴의 일생도 그것을 확실히 뒷받침해주고 있다.

회화나 조각과 마찬가지로 음악에 있어서도 남보다 뛰어나기 위해서는 노력과 근면을 빠뜨릴 수 없다.

헨델[45]은 피로를 잊은 채 오로지 작곡에 몰두했다. 실패에도 의기소침하기는커녕 역경에 놓이자 그는 오히려 분발했다. 어느 해는 빚으로 인해 굴욕을 맛보아야 했지만 결국 그에 굴하지 않았다. 그 한 해 동안에 그는 '사울', '이집트의 이스라엘인'. '드라이든의 〈가곡〉을 위한 악곡', '12의 대협주곡', 오페라 '아르고스의 쥬피터'를 작곡했는데 이것은 전부 그가 작곡한 작품 중에서 최고 걸작으로 손꼽히고 있다.

한 전기 작가는 헨델에 대해서 이렇게 쓰고 있다.

"용감하게도 그는 무엇이든 해냈다. 그리고 누구의 도움도 없이 혼자서 12명분의 일을 해냈다."

하이든[46]은 스스로의 예술에 대해서 "하나의 주제를 떠올리면 어디까지나 그것을 추구해 가는 것이다."라고 말했다.

모차르트[47]도 "일이야말로 나의 무상의 기쁨이다."라고 기술하고 있다.

베토벤[48]은 다음과 같은 격언을 즐겨 쓰고 있었다.

"향상심에 불타는 유능하고 근면한 사람에게는 〈여기서 멈추시오〉라는 울타리를 세울 수 없다."

어느 날, 피아노 연주자 한 사람이 베토벤에게 오페라 '피델리오'의 피아노용 악보를 주었는데 그 마지막 페이지 한쪽 구석에 '신의 도움으로 무사히 연주가 끝날 수 있도록' 이라고 쓰여 있었다. 그것을 본 베토벤은 곧 펜을 들어 그 아래에 이렇게 덧붙여 썼다.

'신에게 의지하다니 자신의 힘으로 스스로를 도와라.'

이 말이야말로 베토벤에게 있어서 예술가로서의 생애를 통한 좌우명이 되어 있었던 것이다.

---

45) Handel, Georg Friendrich 1685~1759 독일의 작곡가, 오라토리오 〈메시아〉 작곡

46) Haydn, Franz Joseph 1732~1809 오스트리아의 작곡가, '고향곡의 아버지' 라 불림. 오라토리오 〈천지창조〉, 〈사계절〉과 〈군대〉, 〈시계〉 교향곡 등 작곡

47) Mozart, Wolfgang Amadeus 1756~1791 오스트리아의 작곡가 〈주피터 교향곡〉, 〈피가로의 결혼〉, 〈진혼곡〉 등 작곡

48) Beethoven, Ludwig van 1770~1827 독일의 작곡가 '악성' 이라고 불림, 〈영웅〉, 〈운명〉, 〈전원〉교향곡 등과 피아노 소나타 〈비창〉, 〈월광〉, 〈열정〉등 작곡

14. 마음에 스미는 진실한 말

진실한 말과 행동으로 못 이루는 것은 없다

종교적인 위인에 대해서 배울 점도 많다. 그들은 인생에 절망하여 타락한 사람들을 구출하려는 일념으로 세속의 명예는 거들떠보지도 않고 숭고한 자기희생의 정신을 발휘해서 일에 몰두했다. 불굴의 용기와 인내를 갖춘 그들은 빈곤을 참고, 위험을 무릅쓰고 전염병이 유행하는 지방을 돌아다녔다. 어떤 고생이나 재난에도 굴하지 않고 포교에 전념하고 설사 순교자가 될지라도 오히려 그것을 기쁨과 긍지를 가지고 맞아들인 것이다.

그런 사람 중에 프란치스코 사비에르[49]라는 사람이 있었다. 고귀한 집에서 태어난 그가 쾌락과 권세, 명예를 손에 넣는 것은 어려운 일이 아니었다. 그러나 그는 그 생애를 거쳐서 신분이나 지위보다 중요한 것, 돈벌이보다 훌륭한 것이 있다는 것을 증명했다.

사비에르는 행동에 있어서도 마음 씀씀이에 있어서도 정말 신사였다. 그의 타고난 성격이 너무 착해서 타인의 말에 좌우되거나 감언이설에 넘어가기 쉬운 성질이지만, 반대로 사람을 인도하고 설득도 잘하고 인내와

---

49) Xaverius, St. Fanciscus C. 1506~1552 스페인의 카톨릭 신부, 외국 선교의 수호 성인

의욕이 넘치는 정력적인 사람이었다. 22세 때, 그는 파리 대학의 철학 교수로 근무하면서 생계를 이어나가고 있었는데 거기서 로요라[50]와 알게 되었다. 둘이서 새로운 종교 조직 예수회를 창설한다. 그리고 사비에르는 예수회의 일단을 이끌고 로마로 순례의 길을 나섰다.

그 무렵 포르투갈 국왕은 자국의 세력 하에 있는 인도 지역에 그리스도교를 전파하려고 생각하고 있었다. 선교자로서 처음에는 보바질러라는 사람이 선임되었는데 병에 걸려 그 일을 못하게 되자, 사비에르를 그 후임으로 임명하였다.

사비에르는 낡은 법의를 입고 기도서만을 가지고 즉시 리스본으로 향했다. 거기서 배를 이용해서 동양으로 출발한다. 인도로 가는 그 배에는 현지로 파견되는 천 명의 수비병이 총독과 함께 타고 있었다. 전용 신설이 주어져 있었음에도 불구하고 사비에르는 항해하는 동안 계속 갑판에서 지냈다. 로프를 베개 삼아 자고 선원과 식사를 함께 했다. 선원들을 잘 도왔고 따분한 매일, 매일을 달래기 위해 놀이를 고안하기도 하고 병자를 돌보기도 했기 때문에 그는 당장에 선원들의 마음을 사로 잡았고 존경을 받게 되었다.

인도에 도착한 사비에르는 이주자나 현지인 사이에 타락한 부패가 만연해 있는 것을 보고 큰 충격을 받았다. 이주자들은 문명의 손길이 닿지 않은 곳에 많은 악덕을 초래하고 현지인들도 그들의 나쁜 본보기를 흉해 내고 있는 상태였다.

그래서 그는 방울을 울리면서 거리를 다니고, 아이들을 자기가 있는 곳으로 공부하러 보내도록 호소하며 돌아다녔다. 이윽고 모여든 많은 학

---

50) LOyola, Ignatius de 1491(?)~1556 카톨릭 신부 · 성인, 예수회의 창립자

생들에게 그는 매일 끈기 있게 신의 가르침을 설교했다. 동시에 병자나 나병환자, 갖가지 고통을 가진 사람들을 찾아가서는 슬픔을 달래주고 그들을 '진리'로 인도하려고 노력했다. 자비의 마음을 일깨어 주는 것이었다. 그는 세례를 해주고 신의 가르침을 설교했다. 그 마음에 스며드는 설교에 의해 빈곤과 고통의 밑바닥에서 허덕이는 사람들에게 구원의 손길을 내민 것이다.

사비에르는 방울을 울리면서 해변을 걸으며 도시와 농촌을 순회하고 사원이나 시장을 찾았다. 그리고 현지인들에게 자신의 이야기를 들어달라고 호소했다. 교리문답집과 사도진경, 모세의 10계, 주의 기도 등의 성구가 사비에르의 손에 의해서 그 지방의 말로 번역되었다. 그는 우선 스스로 그것을 암기하고 어린아이들이 암송할 수 있을 때까지 되풀이해서 들려주었다. 또 아이들의 입을 통해 부모나 이웃 사람들에게까지 전해지도록 하였다.

결국 그 곳에서는 30명의 전도사가 임명되었고, 그들은 사비에르의 지도 하에 30개의 교회를 열었다. 물론 교회라고 해도 허술하기 짝이 없고, 대부분은 오두막 위해 십자가만 세운 것들이었지만…….

이상과 같은 포교 활동을 사비에르는 "전혀 예기치 못할 정도의 대성공을 거두었다."라고 했다. 순수하고 외곬으로 칭찬해야 할 생활태도와 행동에서 배어 나오는 설득력 덕분에 사비에르는 가는 곳마다 그리스도교에 대한 개종자가 잇따랐다. 그를 만나 이야기를 들은 사람들은 강한 힘에 끌리듯이 그 설교에 감동하고 자신도 모르는 사이에 그의 열의에 감화되어 가는 것이었다.

'익은 열매는 많지만 그것을 따는 인간은 너무 적다. (가르침을 받는 사람은 많은데 가르침을 베푸는 사람은 적다.)' 는 것을 통감하면서도 사비에르는 다음의 목적지 말래카와 일본으로 배를 돌린다.

거기서 그를 기다리고 있던 것은 다른 말을 사용하는 전혀 다른 새로운 종족이었다. 그가 할 수 있는 것은 고작 병자를 간호하고 자리를 정리하고 눈물 흘리며 기도하고 때로는 법의의 소매를 물에 적셔 짜서 떨어지는 물방울로 죽음을 앞둔 사람에게 세례를 베풀어주는 정도였다. 그러나 이 용감한 진리의 병사는 희망의 등불을 높이 들고 아무것도 두려워하는 것 없이 오로지 신념과 활력으로 전진했다.

"죽음이나 어떤 고통이 기다리고 있다 할지라도 하나의 영혼을 구원하기 위해서는 설사 만 번이라도 그 속으로 뛰어들 각오가 되어있다."

당시의 그는 이렇게 말하고 있다.

굶주림과 갈증, 곤궁, 갖가지 위협과 싸우면서 사비에르는 사랑의 전도를 계속하면서도 피로를 몰랐다. 그러나 11년 동안에 걸친 포교 활동 끝에 중국으로 건너가려고 하는 도중에 결국 열병에 걸려, 영광의 영혼이 신의 부르심을 받게 된다. 사비에르만큼 한 가지 길을 가지 위해서 자기희생과 용기로 관철된 생애를 보낸 사람은 아마 두 번 다시 나타나지 않을 것이다.

사비에르 이후로도 포교 활동에 종사한 사람은 많지만 개중에서도 흥미 있는 것은 데이빗 리빙스턴[51]의 생애였다.

그의 선조는 가난하지만 정직한 스코틀랜드 사람이었다. 선조의 한 사람은 지혜가 풍부하고 사려 깊은 사람으로서 그 일대에 알려졌는데 임종

---

51) Livingstone, David 1813~1873 영국의 선교사, 탐험가, 「남아프리카 전도 여행기」
지음

시에 아이들을 불러 모아놓고 유일한 유산으로 다음과 같은 말을 남겼다고 한다.

"나는 평생을 거쳐 내 가계 대대로 내려오는 전통을 자세히 조사해 왔는데 선조 중에는 정직하지 못한 사람은 하나도 없었다. 때문에 만에 하나라도 너희들이나 자손이 정직하지 못한 길을 걷는다 해도 그것은 우리 가계에 흐르고 있는 피의 탓이 아니다. 너희들은 정직하지 못한 생활 태도를 하는 핏줄을 조금도 이어받지 않았다. 정직하게 사는 것이다. 이것이 내가 남기는 하나의 훈계다."

10세가 된 리빙스턴은 부근의 솜 공장에 일하러 나가게 되었다. 그는 처음 받은 월급으로 라틴어 문법책을 사서 라틴어 공부를 시작했다. 그리고 이후 몇 년 동안 야학에 다니면서 그 공부를 계속했다.

공장에서는 매일 아침 6시부터 일이 시작되는데 일찍 자라고 하는 어머니의 주의가 없는 한 그는 언제나 한밤중이 지날 때까지 공부에 열중했다. 이렇게 해서 꾸준히 고대 로마의 시인 베르길리우스[52]나 호라티우스[53]를 다 읽고 또 소설 이외의 책이라면 어떤 것이라도 읽었다. 그 중에서도 과학서나 여행기를 많이 읽었다고 한다.

얼마 안 되는 여가 시간에도 근교를 돌며 식물을 채집하고 식물학의 연구에도 노력했다. 공장의 기계가 굉음을 내며 돌고 있는 동안에도 그는 독서를 했다. 자신이 조작하는 방직기 위에 책을 놓고 기계 앞을 지날 때마다 한 구절씩 읽을 수 있도록 연구한 것이다. 이렇게 해서 분발하는 사람은 지식을 많이 익히게 된다. 그리고 점점 그의 마음속에는 미개인

---

52) Vergilus Maro, Publius 70~19 B.C. 고대 로마의 시인
53) Horatius, Quinfus Flaccus 65~8 B.C. 고대 로마의 시인

에게 그리스도교를 전도하고 싶다는 꿈이 싹트기 시작했다.

목표가 정해진 리빙스턴은 단순한 전도사 이상의 자격을 얻기 위해 의학 공부를 시작한다. 생활을 절약하고 될 수 있는 한 돈을 저축하여, 겨울 동안만 대학에서 의학과 그리스어 그리고 신학을 배웠고 나머지 기간은 솜 공장에서 일했다. 대학 학비는 모두 자기가 일해 얻은 월급으로 충당하고 다른 사람에게는 한 푼의 지원도 받지 않았다.

'지금 돌아다보면 당시의 고통스러운 생활이 내 성장에 큰 영향을 미친 것이 확실하다. 나는 그것을 감사하지 않을 수 없다. 만약 다시 태어난다 해도 역시 나는 마찬가지로 검사하게 지내고 어려운 시련을 뚫고 나아갈 길을 택할 것이다.'

이것은 그의 진심이었다.

이렇게 해서 리빙스턴은 의학 과정을 마치고 라틴어로 된 논문을 써서 시험에 합격하여 내과와 외과의 개업 자격을 취득했다. 당초 그는 중국으로 건너가려고 했으나 그 무렵 영국은 중국과 전쟁을 하고 있었기 때문에 그 계획은 백지화되었다.

그는 그 후 런던 전도 교회에서 봉사할 것을 요청했다. 그래서 그 곳의 알선으로 아프리카로 파견되고 1840년에 아프리카로 도착했다.

다만, 그의 말에 의하면 이 아프리카 행에는 단 한 가지 고통이 떠나지 않았다. 중국행 계획에서는 자신의 힘만을 믿고 있었는데 이번에는 런던 전도 교회가 비용을 부담해 주었기 때문이다.

"독립하여 혼자서 개척해온 사람이 조금이라도 남의 은혜를 입는다는 것은 그다지 기분 좋은 일은 아니군요."라고 말하는 것이었다.

아프리카에 도착한 리빙스턴은 열심히 일하기 시작했다. 그는 타인의 일을 인수하는 것에 만족하지 않고 스스로의 활동 영역을 넓혀서 현지인의 주거 건설과 같은 일에도 나섰다. 포교를 중심으로 두고 있었던 것은 물론이거니와 이 포교 활동은, "솜 공장에서 일하고 있던 것과 마찬가지로 피곤해서 밤에 공부하는 데까지 영향을 주었다."라고 그는 기술하고 이다.

그 후, 츠와나 족[54] 사이에서 일하게 된 리빙스턴은 운하를 파고 집을 짓고, 들을 개간하여 가축을 기르고, 원주민에게 노동과 신앙을 가르쳤다. 어느 나, 그가츠와나 족 사람들과 처음으로 긴 여행을 나서려고 하자 우연히 이런 말이 귀에 들어왔다. 그것은 그의 외모와 체력에 대해 주고받는 말이었다.

"저 사람은 건강한 편이 아냐. 우선 몸만 해도 야위었고 옷을 입고 있으니까 늠름해 보이지만 곧 쓰러져 버릴 것이 뻔하다고."

이 말을 듣고 전도사의 몸에 흐르고 있는 스코틀랜드 선조들의 피가 끓은 것은 말한 것도 없다. 그는 여행 중의 며칠 동안 츠와나 족이 녹초가 되도록 피로해졌어도 용서 없이 전손력으로 걷게 했다. 그리고 마지막에는 그들도 리빙스턴의 강한 인내력을 인정하지 않을 수 없었던 것이다.

만년의 리빙스턴에게 이런 에피소드도 남아 있다.

아프리카에 함께 가지고 간 증기선이 부서져 버렸을 때 본국에 연락하여 대체할 배를 주문했다. 약 2000파운드의 돈이 들지만 여행기를 출판한 인세로 충당하기로 하였다. 사실 그 돈은 자식의 재산으로 저축해 두었던 것이다. 배 만드는 데에 그 돈을 쓰도록 아들에게 지시한 그 편지에서 리빙스턴은 이렇게 쓰고 있다.

---

54) 현재 보츠와나 민족의 하나

'이 지출을 메우는 것은 너희들 스스로 해야 한다.'

이 에피소드에는 그의 사람 됨됨이가 그대로 나타나 있다.

* 아침에 도를 들으면 저녁에 죽어도 좋다.
- 공자(孔子, 551 B.C.~478 B.C. 중국 유교의 시조)

15. 상상력이 원동력이다
생각할 수 있다는 것이 살아있음을 증명한다

두뇌는 항상 바쁘게 활동하고 있다.

현관 앞 계단에 앉아 있거나 나무 밑에 누워 있는 사람은 다른 사람들 눈에는 아마도 한가하게 아무것도 하지 않고 있는 것처럼 보일 것이다. 그러나 그도 무엇인가를 하고 있는 것이다. 어떤 의미에서는 실로 바쁘게 움직이고 있다고 말할 수도 있다. 요컨대 그는 '생각하고 있다'는 것이다.

그렇다고 해서 무엇인가 특별히 관심이 있는 것에 대해 진지하게 생각하고 있다는 것은 아니다. 단순히 그의 머리 속에는 다소나마 명료한 사고나 공상의 흐름이 잇따라 스쳐가고 있다는 의미다. 어쩌면 그는 한가하게 어제 일을 되새겨 보거나 내일의 일을 계획하고 있는 지도 모른다. 아니면 자기 주변에서 일어나고 있는 것들을 그저 보고만 있는지도 모른다. 그에게 말을 걸어 무엇을 생각하고 있느냐고 물어봐도 그 자신도 뭐라고 대답해야 좋을지 모를 만큼 막연한 것인지도 모른다. 소위 '방심 상태'에서 종잡을 수 없는 것을 공상하고 있을 것이다. 그러나 비록 무엇을 생각하고 있었는지 나중에 생각해 낼 수는 없다고 해도 그의 두뇌는 바쁘게 활동하고 있었던 것이다.

톱이나 괭이를 손에 쥐고 일하는 남자, 걸레나 바늘을 가지고 일을 하는 여자, 그들의 머리 속도 항상 바쁘게 활동하고 있다. 일에 대해 생각하고 있을 경우도 있을 것이며, 전혀 엉뚱한 것을 생각하고 있는 경우도 있다. 그러나 뇌의 활동이 완전히 정지하는 일은 없다. 세상의 모든 인간의 두뇌와 자기 자신의 두뇌가 적어도 각성하고 있는 동안은, 그리고 잠을 자고 있는 동안에도 항상 활동하고 있다는 것을 상상한다는 것은 신기한 것이다.

가끔 혼잣말을 하고 있는 사람이 있다. 이것은 어리석은 버릇이다. 왜냐하면 그것으로 인해 비밀을 누설하게 된다거나 무심코 욕을 한 당사자가 듣게 되는 일이 있기 때문이다. 그러나 머리 속의 정지할 줄 모르는 사고 작용은 바로 이 혼잣말과 같은 것으로서, 자기 자신과의 대화이다. 그렇다면 이 경우의 자기 자신과의 사귐은 다른 친구나 책과의 사귐보다 더 한층 밀접하고 중요한 것이다.

그와 같이 끊임없는 이야기 상대인 자기 자신이 착하고 순진한 선의의 인간이라면 대단히 멋진 일이다. 나쁜 친구가 해로운 것이라면 착하지도 순수하지도 않고 선량하지도 않은 자기 자신은 친구보다 더욱 해로운 것이다.

이와 같은 자기와의 대화에서는 상상력이 가장 큰 역할을 한다. 전술한 바와 같이 인간의 머리 속에는 끊임없이 여러 가지 사고나 영상이 오가고 있다. 아마도 추상적인 사고보다도 영상적인 것이 비중을 많이 차지하고 있을 것이다. 그들 영상의 대부분은 상당히 단편적이고 불완전한 것이다. 그러나 그 의미를 이해하고, 흥미를 가질 수 있기에는 충분한 것이다. 이것들은 자기가 지금까지 본 것, 읽은 것, 공상한 것의 영상이기도 하고, 자기가 보려고 하는 것의 영상이기도 하고, 또 하고 싶다고 바라는 영상이기도 하다.

이들 영상에는 하나의 기묘한 공통점이 있다. 그와 같은 영상에 보다 흥미를 갖고 그것을 생각할 기회가 늘어나며 늘어날수록 그 영상은 점점 선명해진다는 것이다. 화랑의 주인이 마음에 들어서 매일 바라보고 있는 그림은 눈에 잘 띄고 밝은 곳에 놓여져 있지만 그다지 인기가 없는 그림은 치워 버리고 마는 것과 같은 것이다.

그와 같은 화랑에 들어가 보면 그곳 주인의 취미를 정확히 알 수 이다. 따라서 사람 마음속을 들여다보는 것은 마음이라는 화랑 안을 들여다보는 것과 같은 것으로서, 그 사람이 어떤 사람인가를 다른 어떤 방법보다도 가장 잘 알 수 있다.

16. 사람은 상상하는 그대로의 인간이 된다

선한 마음은 사람을 선하게 하고, 악한 마음은 사람을 악하게 한다.

이와 같은 상상력에 의한 영상은 곧 행동을 유발하게 하는 원인으로 작용하고, 그 작용의 근본적인 바탕에는 바로 '유혹'이라는 단어가 저변에 깔려 있다. 그러나 반대로 대개의 경우 상상력의 소산인 영상이 그와 같은 행동을 유발하는 동기를 만들고 있다.

예를 들면 한 젊은이가 남의 돈을 훔치고 싶다는 유혹에 사로 잡혔다고 하자, 처음에는 아직 유혹이라 할 수 없는 단순한 공상에 불과하다. 돈이 있으면 얼마나 좋을까 하고 공상하는 것이다. 그리고 돈이 있는 생활을 머리 속에서 영상화한다. 그러한 공상을 얼마동안 즐기고 있는 사이에 그것이 실로 명료한 영상이 되어서 머리에서 떠나지를 않게 된다. 결국에는 돈을 훔칠 장소, 그리고 어떻게 하면 들키지 않고 훔칠 수 있을까 하는 방법까지가 명료한 영상이 되어 머리 속에서 사라지지 않게 되는 것이다.

상상력이 미치는 영향력은 친구에게서 받은 영향에 비해서 몇 배나 큰 것이며 결국에 가서는 그것 밖에는 생각하지 못하게 되고, 자기가 몇 번씩이나 상상한 그대로의 일을 현실에 옮겨 실행하지 않고서는 견디기 못하게 된다. 되풀이해서 상상하고 있는 동안에 그 행위에 대한 저항감이 없어지고, 나중에는 아주 당연한 것처럼 생각하게 되는 것이다.

이것도 절도에만 한정하는 것은 아니고 다른 범죄에 대해서도 마찬가지다. 머리 속에서 그 범죄의 영상을 그리고 있는 동안에 돌연 그것이 현실화되기 마는 것이다. 못된 짓을 실행에 옮기는 것이 아니고 다만 상상한 데 그치고 있는 것만으로도 정신적 타락의 원인이 되는 것은 당연한 것이다. 불만, 선망, 분노, 추잡한 생각 같은 것은 상상력이 낮은 영상을 바탕으로 부풀어 올라서 결국에는 정신을 지배하여 타락시키고 마는 것이다.

못된 짓을 상상하면 이와 같은 악영향이 있지만, 순수하고 품성이 높은 것을 상상한 경우에는 좋은 영향이 있기 마련이다. 친절하고 관대한 행위를 상상하고 있으면 현실에서도 그에 가까운 행동을 취하게 된다. 건전한 상상은 진정한 기쁨의 근원이기도 하다. 좋은 책을 읽고 똑바로 이 세상을 바라봄으로써 여러 가지 영상이 머리 속에 축적된다. 그렇게 해서 축적된 것이 장래 무엇인가 만족감을 가져다주는 것이다.

자기가 본 것을 나중에 명확하게 머리에 떠올릴 수 있도록 상상력을 훈련해 두는 것이다. 아름다운 경치나 그림을 보고도 대개의 사람들은 실로 막연한 인상밖에 기억에 남기지 않는다. 그러나 상상력에 의해서 본 영상을 재현하여 그림으로 그릴 수 있게까지 되어 있으면 대단히 도움이 된다. 이것을 할 수 있게 되면 관찰력과 상상력이 풍부해진다.

이러한 훈련 방법으로는 무엇인가를 바라본 후에 기억을 의지해서 그림을 그려보도록 하는 것이다. 그림을 그릴 수 없는 사람은 눈을 감고 머리에 떠올려 보는 것이다. 그런 다음 눈을 뜨고 다시 한번 그것을 바라보고 머리 속에 묘사한 영상이 실제의 것과 어느 정도 일치하고 있는가를 확인해 보는 것이다. 이와 같은 훈련에 의해서 상상력이 연마되고 기억력이 높아져서 머리 속의 영상의 화랑에 명화의 수가 늘어가게 되는 것이다. 특히 아이들 교육에 즈음하여 아이들에게 가능한 아름답고 유쾌한 영상을 풍부하게 갖도록 해줄 수 있는 기회를 마련해 주는 것이 중요하다.

마지막으로 덧붙여 말해 주고 싶은 것은 상상하는 것이 생각지도 않게 나쁜 결과를 초래하는 경우도 있다는 것이다. 상상의 세계에서 도를 넘어 지나치게 빠져들면 실생활의 폐해가 된다. 설사 선행만을 공상하고 있다 해도 지나치면 상상만으로 만족하고 실행을 수반하지 않게 되는 경우도 있다.

17. 나태에 붙는 금리만큼 비싼 것은 없다

게으름은 인생을 불행하게 이끄는 달콤한 유혹이다

근면은 우리가 인간으로서 삶을 영위하기 위하여 사회적으로 마땅히 갖고 있어야 하는 여러 가지 의무 중에 하나라고 말할 수 있다.

여기에서는 근면을 다른 여러 가지 의무 중 하나로 이해할 때 유익한 미덕이라는 관점에서 다루어 보기로 한다.

올바른 생활을 하기 위한 유익한 근원은 미덕이며, 인생을 잘못되게 하는 악덕은 나태다.

나태라 해도 잠을 자고 있을 때 외에는 완전히 나태해 있는 것은 아니다. 잠을 자고 있는 상태에서도 전혀 아무것도 하지 않고 있다는 것은 아니라는 것을 잊어서는 안 된다.

우리들은 항상 바쁘게 활동하고있다. 손발을 움직이지 않고 있을 때도 두뇌는 쉬지 않고 활동하고있다. 공부나 혹은 유익한 생각 때문에 활동하고 있지는 않다고 해도 몽상이나 공상 때문에 바쁘게 활동하고있다. 양지나 그늘에 엎드려 있는 거지라도 사람들과 지껄이기도 하고 무엇인가를 생각하거나 꿈을 꾸거나 하고있는 것이다.

근면이란 어떤 목적을 달성하기 위해 꾸준하게 열심히 행동하는 것을 말한다. 좀더 명확히 말한다면 자기 자신, 혹은 남을 위해 유익한 것을 목적으로 해서 행동하는 것을 말한다. 즉, 자기 자신 혹은 남의 행복을 더욱더 증대시켜 주기 위해 싫증을 내거나 게으름을 피우지 않고 행동하는 것을 말하는 것이다.

게으름을 피우지 않고 꾸준히 일을 하는 것을 우리는 괴로운 것이라고 생각하기 쉽다. 적어도 그런 생각이 드는 것이다. 일에 지치면 휴식 시간이 매우 즐겁게 느껴질 수 있는 것이다. 그래서 우리는 가장 즐거운 생활이란 하루 종일 휴식하고 있을 수 있는 생활이라고 착각하기 쉬운 것이다. 대개의 사람들은 직업에 종사하지 않으면 안 되는 것인데, 실은 그것이 인생에 있어서 대단히 행복한 것이다.

꾸준한 근면성은 자제심을 갖는 면에서도 도움이 된다. 앞에서도 말한 바와 같이 자제심은 인간 생활의 기본으로서 중요한 것이다. 또한 근면성은 여러 가지 면에서도 도움이 되고있는 것이다.

첫째로, 근면하면 생활이 규칙 바르게 된다는 의미에서 자제심을 보조하고 있다. 그 올바른 규칙이 심신의 양면에 어느 정도의 올바른 규율을 부여하게 되는 것이다. 훈련되어있지 않은 군중을 지휘하기보다 훈련된 군대를 지휘하는 것이 훨씬 용이하다. 그와 마찬가지로 심신도 규율 바른 훈련을 받고 있는 것이 훨씬 컨트롤하기 쉽다.

심신이 모두 어느 정도 활발하게 활동하고 있는 것이 나태한 상태보다도 컨트롤하기 쉽다. 예를 들면 배는 최소한도 시속 1,2노트의 속력으로 진행하지 않으면 키가 듣지 않는다. 배는 키의 움직임에 따라서 조종되기 때문에 키를 제대로 운용하지 못하면 배는 바람이나 해류의 힘에 의해 표류하게 된다. 목적지를 향해 진행하지 않고 파도를 떠돌고만 있는 상태의 배는 배로서의 가치를 잃은 것이다.

나태한 인간은 이 파도에 표류하는 키가 듣지 않는 배와 마찬가지다. 활발하지는 않아도 머리는 활동하고 있지만 그런 상태에서는 일시적 기분이나 조그만 충동에 의해서 표류되고 만다. 그로 인하여 자제심을 조종하기가 곤란해지고 마는 것이다.

따라서 나태한 인간은 유혹의 먹이가 되기 쉬운 상태에 있다고 말할 수 있다. 그밖에 어떤 흥미 있는 것에 대해 바쁘게 생각하고 있을 때는 유혹에서 생각을 돌릴 수 있다. 유혹이 마음 속으로 들어왔다고 해도 일정한 속도를 가지고 목적지를 향해 진행하는 배와 같이 그러한 것에는 방해받지 않고 스스로의 나아갈 방향을 유지할 수가 있는 것이다.

그런데 나태한 정신 상태에 있을 때에는 조그만 사건에도 동요되기 쉽다. 이와 같이 나태는 정직하고 순결하며 성실한 생활과는 분명하게 구별되고 있는 것이다.

이렇게 말하면 의아하게 생각할지 모르겠지만, 근면하다는 것은 만족을 얻기 위한 가장 중요한 조건의 하나이다. 사실 나태한 자는 최악의 인간일 뿐만 아니라 가장 불행한 사람이다. 실생활 면에서 바른 규칙으로 돌파구를 찾지 않는다면 처치 곤란한 에너지가 욕구 불만을 일으킨다. 머리 속도 항상 바쁘게 활동시키지 않으면 모든 면에서 불만이나 불평을 갖기 쉽다. 그리고 비현실적인 것을 공상하며 그것을 현실과 비교하여 스스로가 불행하게 되어 가는 것이다.

근면한 행동이야말로 바로 행복의 최대 근원의 하나인 것이다. 근면하면 최소한도 우리들의 에너지의 일부는 규칙적으로 사용할 수가 있다. 휴식이 아무리 상쾌하다고는 하나 게으름만 피우고 있는 상태는 오히려 훗날의 고통이 되는 것이다.

여가 시간에 무엇인가 할 일을 발견할 수 있는 사람은 정말 행복한 사람이다. 그런데 대부분의 사람은 그러한 여가 시간이 주어졌을 때 무엇을 해야 좋을지 모른다. 인간은 일을 하고 있을 때가 좋은 것이다. 여가를 활용한다는 것은 재산을 활용한다는 것 이상으로 재능을 요하는 것이다. 젊었을 때부터 공부든 자선 활동이든 무엇이든 간에 자기가 흥미를 가질 수 있는 것을 발견해 두는 것이 중요한 것이다. 그렇게 되면 노후에도 여가가 생겼을 때 주체하지 못하는 일은 없을 것이다.

사회적으로 유용한 사람이 되기 위해서는 근면이 불가결한 조건이다. 나태한 자나 악인이라도 유익한 경우는 있다. 예를 들면 고대 스파르타에서는 술 취한 노예를 거리에 끌고 다니는 관례가 있었다. 술에 취한 바보스런 추태를 젊은이들에게 보여주어 음주에 대한 혐오감을 갖게 하려고 했던 것이다. 이 경우에 술 취한 노예는 유익한 목적을 위해 이용되었을 뿐 당사자 자신이 유용한 인간이 된 것은 아니다.

누구나 스스로 유용한 인간이 되려고 노력하지 않으면 안되는 것이다. 그래서 일을 할 필요가 있다는 것은 불만의 씨앗이기는커녕 오히려 기뻐해야 할 일인 것이다. 그리고 근면의 습관은 미덕과 행복과 유능하게 되기 위한 중요한 요인인 것이다.

그리고 근면하게 일을 할 의무는 모든 계급, 모든 사회 속에 존재하는 인간에게 공통적으로 적용된다. 가난하든 부유하든 간에 누구에게나 주어진 일이 있다. 설사 훌륭하고 부유한 가정에서 태어나 훌륭한 교육을 받고 막대한 재산을 상속받았다 해도 사회 전체의 행복을 위해 일을 하지 않으면 안 될 의무가 있다는 것을 잊어서는 안 된다.

자신을 인간답게 살아갈 수 있도록 해주고 있는 사회에 대해서 보답도 않고, 더구나 의식을 타인의 노동에 의지한다거나 보살핌을 받거나 하면 만족감을 얻을 수 없다.

성실하고 결벽한 사람이라면, 함께 실컷 먹고 마신 후 계산도 하지 않고 나가 버리는 사람의 행동에는 반발을 금치 못할 것이다. 태만해서 쓸모가 없다는 것은 명예도 아니거니와 특권도 아니다.

마음이 협소한 사랑은 낭비만으로 만족하겠지만, 남들과 같은 재능이 있고, 가슴에 발전하고자 하는 의욕과 욕심을 가지고 있으며 착실한 목적을 가진 사람이라면 태만이 진정한 명예나 존엄과는 결코 맞지 않는다는 것을 알고 있을 것이다.

* 근면은 습관이다. 서서히 근면의 습관을 기른다면 태만의 저항은 차차로 약해지고 마침내는 근면한 생활이 필요불가결한 것이 된다. – 힐티(1833~1909 스위스이 법학자 · 철학자)

18. 습관이 되면 어려움은 없어진다

좋은 습관은 성공으로 이끌지만, 나쁜 습관은 실패를 가져온다

친구들의 영향에 대해서 거론했을 때, 인간은 좋든 나쁘든 자기 주변에 있는 사람의 흉내를 내는 경향이 있으며 그것이 바로 문명의 발전에 크게 관련되어 왔다는 것은 분명한 사실이다.

그러나 인간은 친구보다도 또 어느 누구보다도 자기 자신을 가장 잘 모방하는 것이다. 무엇인가 할 때에는 전에 한 번 사용했던 방법으로 하면 쉽게 할 수 있다. 같은 것을 몇 번이고 반복하면 반복하는 것만큼 그것이 습관으로 정착해간다. 그리고 그 방법이 아닌 다른 방법을 사용하려고 하면 오히려 힘이 들게 되고 결국은 다른 방법으로는 할 수 없게 되고 마는 것이다.

자질구레한 일을 놓고 습관이 어떤 위력을 지니고 있는가를 관찰해 보면 상당히 재미있다. 그러면 습관의 진정한 위력이 어떤 것인가를 잘 알게 될 것이다.

옷을 입는 법을 예를 들어보자. 대부분의 사람들이 항상 같은 팔부터 옷을 입는다. 어떤 사람은 오른팔부터 또 다른 사람은 왼팔부터 소매에 넣는다. 어느 팔부터 먼저 입느냐고 물었을 때 금방 대답할 수 있는 사람

은 별로 없지만, 실제로 해보면 반드시 같은 팔부터 넣고 있다. 지금까지와는 달리 반대쪽 팔부터 입으려면 의식적으로 입지 않으면 안 된다.

다음은 필적에 대해서 생각해 보도록 하자. 필적은 어느 정도까지는 손의 골격이나 그 사람의 성격에도 따르지만 습관과도 큰 관계가 있다. 필적을 속이기 어렵다는 것은 잘 알려진 사실이다. 또 글자는 오른손으로 쓰기는 쉽지만 왼손으로 쓰기는 대단히 어렵다. 그러나 만약 오른손을 사용할 수 없게 되었다면, 왼손으로 쓰는 것을 오랜 시간 동안 계속하면 왼손도 오른손으로 쓰던 때와 마찬가지로 편히 쓸 수 있게 된다.

어떠한 작업에 대해서도 말할 수 있는 것이지만, 무의식적으로 숙달할 때까지는 숙련을 요하게 되는 것이다. 숙련한 피아니스트의 손가락은 자동적으로 움직이고, 노부인들은 편물을 하면서도 책을 읽을 수 있다. 훈련한 결과 몸에 익혀진 습관의 위력은 대단한 것으로서, 수영을 잘 하는 사람은 손, 발을 묶지 않는 한 투신자살은 불가능하다고 말하고 있다. 수중에 투신을 해도 본능적인 것으로까지 되어버린 습관의 힘으로 헤엄을 치게 되고 마는 것이다.

습관이 정착했을 때의 좋은 면에 대해 생각해보자. 앞에서 들어 본 몇 가지 예에 대해서도 말할 수 있는 것이지만, 인간의 생활은 어떤 의미에서는 이중 구조로 되어 있다.

앞에서 들었던 예와 같이 노부인들은 편물을 하면서도 책을 읽거나 이야기를 할 수 있다. 그밖에 신체는 훈련에 의해 익혀진 대로 활동하면서도 머리 속에는 자유롭게 갖가지 생각에 열중하고 있는 경우도 있다.

습관이 정착했을 때의 또 한 가지 좋은 면은 그것에 의해서 생활을 향상시킬 수 있다는 것이다. 습관이 된 것은 확고하게 자기의 몸에 배이기 때문이다.

무슨 일이든 언제나 처음부터 다시 고쳐 하지 않으면 안 된다는 것은 대단히 어려운 일이다. 처음 전투에 출전하는 군인은 기를 못 펴고, 쉽게 도망칠지도 모른다. 신병은 전투 경험이 있는 고참과 같은 조를 짜서 배치시키는 예가 흔히 있다. 고참병이 지니고 있는 안정감이 미숙한 신병들을 부서에 정착시킬 수 있는 효과를 기하기 위해서다. 고참병들은 명령에 따라 행군, 진격하는 습관이 확고히 정착되어 있어서 그것이 당연한 것으로 되어 있는 것이다.

일상적으로 금전을 취급하고 있는 사람은 돈을 손으로 만지면서도 일전의 돈도 자기의 호주머니에 넣는다는 따위의 생각은 않고 습관적으로 일을 처리하는 것이다.

습관으로서 정착되어 있지 않은 도덕관보다는 습관 쪽이 보다 확고한 안전장치가 될 수 있다. 몸에 배지 않은 도덕관은 때때로 습관의 힘에 의해서 견딜 수 있는 유혹에도 지고 마는 것이다.

이것은 인간의 온갖 행위와 인생의 온갖 국면에 대해서 말할 수 있는 것이다. 정직, 근면, 배려, 친절, 예의 바름은 습관으로서 몸에 익힐 수가 있다. 사실 고대 최대 철학자의 한 사람인 아리스토텔레스[55]는, "미덕이란 올바른 행위를 하는 습관이다."라고 정의를 내리고 있다.

* 습관이라 하는 것은 나쁜 행동에 대한 우리들의 감각을 둔하게 만드는 괴물인데, 한편으로는 착한 행동에도 아름답게 옷을 입혀 몸에 딱 맞게 해주는 상냥한 천사이다. - 셰익스피어(1564~1616 영국의 극작가 · 시인)

55) Aristoteles 384~322 B.C. 고대 그리스 최고의 철학자, 플라톤의 제자, 논리학 정립, 공공생활에서의 인간의 선(善) 실현 주창, 중용(中庸)으로서의 덕이 행위의 목적이라고 주장

19. 나쁜 습관이 쌓이면 치명적이게 된다

좋은 습관을 갖도록 하고 나쁜 습관을 갖지 않도록 노력하라

이와 같은 습관의 힘에 의해서 자기의 생활을 얼마나 다룰 수 있는지 생각해 보자. 우리는 어느 정도까지는 자기가 선택한 대로의 생활을 할 수 있다. 거기에 습관의 힘을 첨가하면 바로 의도한 대로의 생활을 할 수가 있다. 그것은 조각가가 자신이 의도한 대로 석고상을 완성시키는 것과 같은 것이다.

그러나 습관에는 분명히 또 한 가지의 다른 면이 있다는 것은 부인할 수 없는 사실이다. 좋은 습관뿐만 아니라 나쁜 습관이 정착하는 것도 빠르다는 것이다. 오히려 좋은 습관보다 나쁜 습관 쪽이 정착하기 쉬운지도 모른다. 미덕을 몸에 배게 하려면 나쁜 것을 익히기보다 많은 노력을 요하기 때문이다. 우리들은 모름지기 과오를 범하는 때가 있다. 그러나 최선의 인생을 살기 위해서는 자기의 생활을 잘 다루어서 바른 방향으로 향하게 하지 않으면 안 된다.

배려심이 없고, 경솔하고, 신경질적이고, 욕을 하고, 방자하고, 그밖에 더 지독스런 수많은 결점도 습관으로서 정착하는 것이다. 앞으로 거론한 알코올중독 같은 것도 모름지기 몸에 배게 되는 것인데, 깨달았을 때는

완전히 때늦은 상태가 되어버리고 마는 것이다.

사실 대개의 인간은 나쁜 습관이 붙는 점에 대해서는 전혀 걱정하지 않는다. 자기는 언제라도 자신의 의사대로 행동하고 있으니, 현재 무슨 짓을 하고 있든 유사시에는 자신이 하려고 결심만 하면 자기 의사대로 할 수 있다고 생각하고 있는 것이다. 그러나 그렇게 하고 있는 동안에도 어떤 습관이 형성되어 정착해 가고 있으며, 깨달았을 때는 이미 손을 쓸 도리가 없는 것이다.

이와 같이 우리들의 취미, 즐거움, 책의 선택 방법, 남에게는 보이지 않는 특히 사적인 것에 대한 사고방식까지도 습관으로서 정착해가고, 자기로서는 그저 일시적인 모습이라 생각했던 것이 영원히 그대로의 인물로 되어 가는 것이다.

석고 덩어리에서 아름다운 형태를 만들기 위해 조각가가 얼마나 고심하고 있는가를 생각하면 우리들도 자기의 신체나 머리나 마음에 대단히 큰 영속적인 영향을 주는 습관에 관해 더욱 유의해야 한다.

20. 성공의 밑거름은 실무능력이다

자신이 맡고 있는 일을 제대로 처리하는 것이
모든 일을 잘 할 수 있다는 증거이다

실무 능력 없이 성공한 사람은 없다.

"비즈니스맨이란 장사나 직업에 복잡하게 얽매어진 사람을 일컫는다. 그들은 한눈도 팔지 않고 만사를 단지 정해진 대로 운영만 하고 있으면 그것으로 되는 것이다.

비즈니스를 솜씨있게 처리하여 성공으로 이끌어가려면 상상력이나 아이디어 같은 것은 필요 없다. 제일 필요한 것은 평범한 생각과 가장 좁은 의미에서의 손익계산서뿐이다."

이와 같은 정의만큼 단면적으로 잘못된 것은 없을 것이다. 도량이 좁은 비즈니스맨은 확실히 있다. 그러나 그러한 것은 과학자나 문학가, 법률가에도 도량이 좁은 사람이 있는 것과 마찬가지다. 그리고 한편에서는 포용력이 풍부하고 활동 범위가 큰 비즈니스맨도 많다. 즉, 행상인의 범위를 벗어나지 못한 정치가도 있는가 하면 훌륭한 정치가의 정신을 가지고 활동하는 상인도 있는 것이다.

예부터 위인이라 일컫는 사람은 고귀한 목표를 추구하면서도 생계를 꾸려 나가기 위해 정직하고 유익한 일을 하는 것을 결코 수치라고 생각하지 않았다.

그리스의 7현인 중의 일인자로 들 수 있는 탈레스[56]나 아테네의 제2건설자인 솔론[57]등은 상인이었다. 탁월한 기지 때문에 신이라는 말로 숭배받은 플라톤[58]도 이집트에 여행했을 때에는 도중에는 기름을 팔아 여비를 충당했다. 또 철학자인 스피노자[59]는 렌즈 닦기로 생활비를 벌면서 철학의 탐구를 계속했고 대 식물학자인 린네[60]는 구두를 만들면서 한편으로는 공부에 힘썼다.

셰익스피어는 극장 지배인으로서도 성공했다. 그는 희곡이나 시를 쓰는 재능보다 매니저로서의 실무적 수완을 오히려 자랑하고 있었는지도 모른다. 한 시인의 말에 의하면 셰익스피어가 말하는 문학 수업의 첫째 목표는 정당한 자활의 길을 걷는데 있었다고 한다. 실제로 그는 문학적인 명성에는 전혀 무관심했던 것 같다. 그가 희곡의 발표를 스스로 이것저것 지시했다던가, 작품 출판의 인가를 스스로 다니며 받았다고 하는 이야기는 들은 적이 없다. 때문에 그의 작품이 쓰여진 연대는 지금도 수수께끼로 남아 있다. 한편 확실히 알고 있는 것은 극장 경영 사업에서 큰 재산을 일구었다는 사실이다. 이 성공덕분에 고향에서의 편한 은거 생활도 가능했던 것이다.

시인 츄서는 젊었을 때 군에 입대하였고, 후에는 세관 감사관과 임야국

---

56) Thales 624(?)~546(?) B.C. 고대 그리스의 철학자 '만물의 근원은 물이다' 라고 주장
57) Solon 630(?)~560(?) B.C. 고대 그리스의 시인, 정치가
58) Platon 427(?)~347(?) B.C. 그리스의 철학자, 소크라테스의 제자, '이상 국가의 실현' 을 주장
59) Spinoza, Baruch de 1632~1677 네덜란드의 철학자
60) Linne, Carl von 1707~1778 스웨덴의 식물학자, 박물학자, 「식물의 종」지음

장관으로서 유능한 수완을 발휘했다. 마찬가지로 시인인 스펜서는 아일랜드 부총독 비서관과 코크주장관을 역임했는데 실무 면에서는 빈틈없고 열심히 노력하는 사람이었다고 한다.

시인 밀턴[61]도 처음에는 학교의 교사였는데 후에 출세하여 국책회의 비서관이 되었다. 현존하는 당시의 회의철이나 보관되어 있는 밀턴 자신의 많은 편지에서도 알 수 있듯이 그는 그 직책을 다하기 위해 열심히 일했고 그에 알맞은 성과을 올렸다.

대과학자 아이작 뉴턴만 하더라도 유능한 조폐국 장관이었다. 1694년에는 영국에서 새로운 화폐가 주조되었는데 이것은 그가 직접 지휘감독해서 만든 것이다.

경제학자 데이비드 리카도[62]는 런던에서 증권 중개 사업을 계속하며 상당한 부를 얻으면서 한편으로는 좋아하는 연구에도 전념하였다. 이윽고 그는 정통파 경제학의 원리를 확립하기에 이르렀지만, 그것도 현명한 상인과 박식한 학자, 양면의자질을 자신 속에서 통일적으로 발전시킬 수 있었기 때문이다.

비즈니스맨이 성공에 이르는 길은 동시에 상식을 익히는 길이기도 하다. 여기서도 지식의 획득이나 과학 연구와 마찬가지로 끈기있는 노력과 근면을 빠뜨릴 수 없다.

그리스의 오래된 격언에 '어떤 직업이라도 유능한 사람이 되려면 다음의 세가지를 빠뜨릴 수 없다. 그것은 천성과 공부 그리고 실천이다.' 라는 말이 있다. 비즈니스에서는 머리를 쓰고 열심히 실천해 가는 것이 성공의

---

61) Milton, John 1609~1674 영국의 시인, 「실락원」지음
62) Ricardo, David 1772~1823 영국의 경제학자

비결이다. 때로는 '요행수'도 있겠지만 그것은 도박에서 부정으로 번 돈처럼 인간을 혼란시키고 파멸시키는 것이 고작이다.

베이컨은 비즈니스를 길에 비유해서 자주 이렇게 말했다.

"가장 가까운 지름길은 대개의 경우 제일 나쁜 길이다. 때문에 최선의 길을 가고 싶으면 다소나마 돌아가는 길로 가야 한다."

돌아가는 여행은 확실히 시간도 많이 걸릴 것이다. 그러나 고생 끝에 큰 성과에이르게 되면 그때야말로 진정한 기쁨을 얻을 수 있는 것이다. 아무리 흔하고 쓸모없는 것이라도 정해진 일을 성실하게 처리해 가면 나머지 인생은 그만큼 더 멋진 생애가 될 것이다.

영원한 삶을 얻기 위해서 12가지 어려운 일에 도전한 헤라클레스의 우화는 모든 사람이 살아가는 행동의 본보기이다. 특히 젊은이는 인생의 행복이나 번영이 타인의 도움이나 후원이 아니라 자기 자신의 힘으로 쟁취할 것을 정확히 자각해야 한다.

시인 무어[63]가 존 러셀[64]을 중개인으로 멜본에게 자기 아들의 도움을 부탁했을 때의 이야기이다. 멜본은 러셀에게 보내는 회답 속에서 참으로 유익한 충고를 하고 있다.

"친애하는 존에게, 무어 씨로부터의 편지는 돌려주도록 하세. 남을 도울 만한 자력은 있으니 나로서도 자네의 부탁을 받아들이는데 인색하지 않네. 그러나 도움을 준다면 무어 씨에게 하는 것이 도리에 맞는다고 생각하네. 그의 아들과 같이 젊은이에게 얼마 안 되는 도움을 준다는 것은

---

63) Moore, George Edward 1873~1958 영국의 철학자, 시인
64) Russell, Bertrand Arthur William 1872~1970 영국의 철학자, 수학자, 사회사상가, 평론가

아무리 생각해도 옳은 방법은 아니야. 오히려 젊은이에게 잘못된 생각을 갖게 할 것이 아니겠나. 실제보다 많은 것을 가지고 있다고 믿는다면 젊은이는 으레 노력을 하지 않게 된다네. 때문에 그들에게는 이렇게 조언해 주면 충분해. '자신의 길은 스스로 개척하라. 굵든 말든 모든 것은 자기 자신의 노력에 달려 있다.' 내 말은 믿어주기 바라네……

* 나는 얼마나 내 자신의 확신을 희생시키고 얼마나 쉽사리 고갈된 제도와 습관에 굴복했던가를 생각할 때 부끄럽지 않을 수 없다. – 에머슨(1805~1832 미국의 사상가)

21. 비즈니스를 성공시키는 여섯 가지 원칙

사소한 일에도 충실한 사람은 반드시 성공한다

어떤 비즈니스에도 그것을 효율적으로 운영하는데 빠뜨릴 수 없는 원칙이 여섯 가지 있다. 그것은 주의력, 근면성, 정확성, 우수한 솜씨, 시간 엄수 그리고 신속성이다.

이 여섯 가지 원칙은 어떤 보기에 보잘것없는 것처럼 생각되겠지만 실은 사람이 세상에 도움이 되고 행복과 번영을 얻으려면 매우 중요한 의미를 가지고 있다. 이 여섯 가지는 확실히 사소한 것들이지만 인간의 생활은 원래 비교적 사소한 것들로 이루어지고 있는 것이다. 대수롭지 않은 행동의 반복에 의해서 사람의 모든 인격은 형성되고 국가의 성격도 결정된다. 타락한 사람이나 쇠락한 국가에는 반드시 사소한 일들을 무시하여 온 자취를 확인할 수 있다.

사람은 누구나 각각의 의무가 있다. 따라서 그 의무를 실행하기 위한 능력을 단련할 필요가 있다. 가계의 변통이든, 비즈니스나 학문 연구든 또 한 나라의 정치가 되든 그것은 전부 마찬가지다.

우리들은 지금까지 산업이나, 예술, 학문의 분야에서 위대한 일을 이룩한 사람들의 예를 수없이 보아 왔다. 때문에 어떤 직업이라도 끈기와 근면이 중요하다는 점에 대해서는 이미 말할 필요도 없을 것이다. 나날의 경험이 가르쳐주듯이 사소한 일들에 끊임없는 주의를 기울이는 것은 인간이 진보하는 전제다. 그리고 노력은 행운을 낳는 어머니라고도 할 수 있는 것이다.

정확성도 중요한 점이다. 그 사람이 충분히 수양이나 훈련을 쌓아 왔는지 어떤지를 판단하는 결정적 수단도 된다. 사물을 관찰하거나 남들 앞에서 이야기를 하거나 사무를 처리하거나 할 때에는 정확성이 무엇보다 중요하다. 비즈니스에 있어서는 주어진 책임을 훌륭히 해내는 것이 요구된다. 조그만 일이라도 완벽하게 해치우는 것이 그 10배의 일을 대충 끝내는 것보다 훨씬 낫다. 한 현인은 언제나 이렇게 말한다.

"일을 조금이라도 빨리 마치고 싶다면 조금은 휴식을 취하는 게 좋다."

그러나 현실로는 정확성이라는 대단히 중요한 자질에 대해서는 거의 주의를 기울이지 않는다. 한 저명한 과학자는 "놀랍게도 사물을 정확히 확인할 수 있는 사람을 지금까지 만난 경험이 없다."라고 말했다 한다.

비즈니스에서는 사소한 일들을 어떻게 처리하고 있는가를 봄으로써 그 사람의 입장이나 역량을 평가하고 있다. 설사 인덕이 두텁고 다른 면에서는 훌륭히 행동하고 있어도 사물을 정확히 처리할 수 없으면 신뢰는 얻지 못한다. 그런 사람에게 시킨 일은 다시 점검하지 않으면 안 된다. 그러나 그것은 더없이 귀찮고 노력이 필요한 작업이다. 때문에 그런 사람은 차츰 사람들이 상대하지 않게 되는 것이다.

* 나는 하루에 세 번 내 자신을 반성해 본다. 남을 위해 충(忠)을 다했는가, 친구와 사귀어 신(信)을 지켰는가, 배운 것을 남에게 전했는가 하고.- 공자(孔子, 551 B.C.~478 B.C. 중국 유교의 시조)

22. 오늘 해야 할 일을 내일로 미루지 마라

많은 일을 제일 빨리 처리하는 방법은 한번에 한 가지씩 하는 것이다

좋은 솜씨도 비즈니스의 성공에는 없어서는 안 된다. 이 능력이 있으면 일의 양이 많아도 그것을 변명 없이 해 나갈 수 있다.

성직자 리처드 세실은 "솜씨가 좋다는 것은 상자에 물건을 넣는 일과 비슷하다. 짐을 잘 꾸리는 사람은 서투른 사람의 2배 가까이 많은 짐을 꾸릴 수 있다."라고 기술했다.

세실은 일을 해치우는 데 있어서 비범한 재능을 발휘했다.

"많은 일을 처리하는 제일 빠른 길은 한 번에 한가지 일만을 하는 것이다."라고 그는 말한다.

게다가 그는 하나의 일에 착수하면 하다 말고 방치한 채로 두었다가 나중에 시간이 있을 때 처리한다는 어리석은 일은 절대로 하지 않았다. 긴급한 일이라면 그 일부를 빠뜨리기보다 오히려 식사나 수면을 거르는 쪽을 택할 정도였다.

네덜란드의 정치가 데 비트의 처세훈도 세실과 비슷하다.

"한 번에 하나의 일만을 하라. 만약 급히 일을 처리해야 할 경우라면 그것을 끝마칠 때까지 다른 일은 일체 생각하지 않는다. 집안이 어수선

한 것을 깨달았으면 곧바로 청소를 하는 것이다."

프랑스의 한 각료는 사무 처리가 신속하기로 유명했다. 그러나 그는 한편, 환락가에 하루도 빠뜨리지 않고 얼굴을 나타내는 것으로도 알려져 있었다.

"어떻게 양쪽 모두 잘 처리해 나갈 수 있는가?"라는 질문에 그는 이렇게 대답했다.

"오늘 해야 할 일을 내일로 미루지 말라는 가르침을 충실하게 지키고 있는 것뿐이네."

그런데 영국의 한 각료는 이 순서를 뒤집고 있었던 모양이다. 다시 말해서, "내일까지 미룰 수 있는 것은 오늘 처리할 필요가 없다."라고 생각하고 있었던 것이다. 이 가련한 정치가의 이름은 잊어버렸지만 이런 사람은 제법 많다. 오늘의 과제를 우물쭈물하고 하루 미루어 가는 것은 게으름뱅이나 패배자의 습관이다. 게다가 그들은 자신의 일을 곧 남에게 맡기려 한다.

그러나 타인을 너무 신용하면 곤욕을 치르는 경우도 많다. 특히 중요한 일은 스스로 처리해야 한다. 격언에도 있듯이 "꼭 해두고 싶은 일은 스스로 하고 아무래도 상관없는 일을 남에게 맡겨야 한다."라는 것이다.

* 큰 고통은 멀지 않아 사라지고 오랫동안 계속되는 고통은 그다지 크지 않다. - 에피쿠로스(342 B.C.~271 B.C. 그리스의 철학자)
* 당신 앞을 가고 있는 사람들만이 눈에 띌 때에는 뒤에서 오는 사람이 몇 명이 있는가를 생각해 보라. - 세네카(4 B.C.~ 65 A.D. 로마의 시인 · 철학자)
* 우리들은 살아 있는 동안에는 죽음이 오지 않는다. 죽음이 왔을 때에는 우리는 이미 살아 있지 않다. - 에픽테투스(?~? 고대 그리스의 철학자)

23. 상식에 밝고 인내심이 강한 사람이 되라

천재가 아니라도, 끈기와 노력으로 성공할 수 있다

'행운의 여신에게는 사람을 분별하는 힘이 없다.'라는 말과 같은 비난을 자주 듣는다. 그러나 실제로 행운의 여신은 우리 인간만큼 장님이 아니다. 현실의 인생을 보면 알 수 있을 것이다. 솜씨 좋은 항해사에게는 언제나 바람이나 파도가 아군이 되는 것과 마찬가지로 행운도 항상 근면한 사람편이 되는 것이다.

아무리 고상한 분야의 학문을 추구할 때도 상식이나 집중력, 근면, 인내와 같은 평범한 자질이 제일 도움이 된다. 거기에는 천부적 재능 같은 것은 필요로 하지 않을지도 모른다. 설사 천재라 하더라도 이와 같은 당연한 자질을 결코 업신여기지 않는다.

세상에 위인이라 일컬어지는 사람은 천부적 재능 같은 것은 거의 믿지 않고 있다. 오히려 그들은 평범한 재능에도 불구하고 성공을 거둔 사람과 마찬가지로 일반적인 상식에 밝고 강한 인내심을 갖추고 있다.

어떤 사람은, '천재는 상식의 화신이다.'라고 정의 내렸다. 또 어떤 대학의 고명한 학장은 있는 힘을 다해 노력하는 의욕을 천재라 부르고 있다. 또 수필가 존 포스터는 '천재란 인간의 내적 정열의 불꽃을 불태우는 힘이다.'라고 했다.

프랑스의 발물학자 뷰폰에 이르러서는 '천재는 인내다.'라고까지 단언했다.

뉴턴은 의심할 것도 없이 최고의 기지를 갖춘 사람이었다. 그는 많은 발견을 이룩해 왔는데 그 비결을 물었을 때, "언제나 그 문제를 계속 생각하고 있었기 때문이다."라고 아무렇지도 않게 대답했다고 한다.

그는 이렇게 말한 적도 있다.

"내가 사회를 위해서 무엇인가를 공헌할 수 있었다면 그것은 모든 연구에 노력하고 강한 인내로서 사색을 계속해온 덕분입니다."

뉴턴과 아울러 천문학자 케플러도 연구의 진보에 관해서 뉴턴과 같은 말을 하고 있다.

"한 가지 일만을 집중해서 생각하고 있으면 그것이 계기가 되어 다시 깊은 곳까지 생각이 미친다. 그리고 최후에는 해결되지 않은 채 남은 문제에 온몸과 마음을 다하여 도전하게 되는 것이다."

오직 한 곳에 집중하여 면학에 힘을 쓰고 불굴의 노력을 계속하고 있으면 놀라운 성과를 올릴 수 있다. 세상에 뛰어난 인물의 대부분이 일반적으로 평가되고 있는 만큼 천부의 재능을 특별한 자질이라고 생각하지 않는 것도 그 때문이다. 예를 들면 프랑스의 사상가 볼테르[65]는 '천재와 바보의 차이는 종이 한 장 차이다.'라고 했다.

그리고 '누구나 시를 쓰고 웅변적으로 연설을 하는 재능을 가지고 있다.'라는 말과 '어떤 사람이라도 화가나 극작가가 될 수 있다.'라는 말도 있다.

---

65) Voltaire 1694~1778 프랑스의 철학자, 작가

또 고명한 철학자들의 말에 의하면 '모든 사람이 타고난 재질은 평등하다. 때문에 한 사람이 같은 환경에서 같은 목적을 추구했다고 하면 다른 사람도 실현할 수 있다.' 라고 말한다.

물론 선천적으로 비범한 능력 없이는 아무리 노력을 거듭해도 제2의 셰익스피어나 뉴턴, 베토벤 그리고 미켈란젤로는 태어나지 않을 것이다. 그러나 분명 근면과 노력이 훌륭한 성과를 낳는다는 것이 틀림없다. 게다가 천재라고 칭찬 받는 인물일수록 대단히 끈기 있는 노력가인 것이다.

물리학자 돌턴은 세상에서 천재라 불리는 데 반발하여 자신의 업적은 모두 근면과 노력을 거듭한 보람이라고 주장했다.

해부학자 존 헌터도 스스로를 평하여 이렇게 말한다.

'나의 정신은 벌집과도 같다. 시끄럽고 어수선한 것처럼 보이지만 실은 질서와 규칙에 따라 구석구석까지 지배받고 있다. 그리고 부단한 노력의 결과 자연의 보고에서 지식이라는 식물을 모을 수 있는 것이다.

위인전기가 아주 약간이나마 우리들을 자극하게 될 것임에 틀림없다. 발명가나 예술가, 사상가 기타 온갖 분야에서 성공한 사람은 지칠 줄 모르는 노력에 의해서 성공을 거두고 있다. 그리고 그들은 이 세상의 온갖 것, 예를 들면 시간마저도 황금으로 바꾸어 버린다.

작가 디즐리는 '성공의 비결은 스스로 직면하고 있는 문제를 정복하는 데 있다. 그러기 위해서는 면학에 열중하지 않으면 안 된다.' 라고 역설했다.

실제로 세계에 많은 영향을 준 사람은 보더라도 엄밀한 의미에서의 천재 즉, 선천적으로 총명하고 훌륭한 소질을 갖춘 인물은 많지 않다. 오히려 보통 능력인데도 불구하고 끈기 있게 노력과 연구를 거듭한 끝에 명성을 얻은 사람들이 많다.

 아무리 재기가 넘치는 사람이라도 변덕스럽고 인내력이 부족하면 재능이 없더라도 열심히 노력하는 사람에게 지고 만다. 이탈리아의 속담대로 '천천히 걷는 자가 오래 먼 곳까지 나아갈 수 있다.' 는 것이다.

제 4장
친구는 성공을
보장하는 자산이다

1. 친구는 자신의 인격을 비추는 거울이다

인생은 다른 사람으로부터의 모방에 의해 완성된다

가정에서 받은 가장 자연적인 형태의 교육은 그 후로도 오랫동안 우리들에게 영향을 준다. 뿐만 아니라 그 영향이 완전히 없어지는 일은 절대로 없다. 그러나 세월의 흐름과 더불어 마침내는 인격 형성에 가정의 절대적인 영향력이 없어지는 날이 오게 된다. 지금까지 가정이 해오던 역할은 좀 더 인위적인 학교교육과 친구들과의 교제로 넘겨져서 인격은 거기서부터 강한 영향을 받으면서 점차 형성되어 간다.

남녀노소를 불문하고, 특히 젊은 사람들은 아무래도 평소에 사귀고 있는 친구들의 흉내를 내고 싶어한다.

우리들의 신체는 매일 고기나 야채에서 영양을 섭취하고 있다. 우리들의 혼도 마찬가지로 주위 사람들의 본보기나 이야기등에서 무의식중에 좋게도 나쁘게도 영양분을 섭취하고 있는 것이다.

사귀고 있는 사람의 영향을 전혀 받지 않고 인격을 형성한다는 것은 불가능하다. 인간은 태어나면서부터 흉내를 내도록 되어있다. 정도의 차는 있다 해도 타인의 이야기나 태도, 걷는 법, 동작, 게다가 사고방식에 이르기까지 영향을 받게 되는 것이다.

"본보기에는 아무 의미도 없는 것일까? 아니다, 본보기야말로 모든 것이다. 우리들에게 있어서 본보기는 학교 바로 그것이며, 다른 데서는 무엇 하나 배우지 않는다."라고 버트는 말하고 있다.

모방은 거의 무의식중에 따르게 되는 것이어서 그 효과도 확실한 형태로는 나타나지 않는다. 그러나 흉내를 낸 당사자에게 주는 영향은 아마도 영원히 사라지지 않을 것이다.

인격이 변했다는 것을 또렷하게 알 수 있게 되는 것은 감수성이 예민한 사람이 대단히 인상적인 인물과 관련되었을 뿐이다. 그러나 그렇게 눈에 띄지 않은 인물이라도 주위 사람들에게 어떤 형태로든 영향을 주는 경우도 있을 수 있는 것이다. 그 인물이 본보기가 되어 끊임없이 작용해서 감수성이나 사물에 대한 사고 방식, 습관 등이 닮아 가는 것이다.

에머슨[66]은 "오랫동안 같이 살아온 노부부, 혹은 같은 지붕 밑에서 지낸 사람끼리는 어느새 닮아 가는 것이다."라고 말한다. 그런데 가령 싫증이 날 정도로 함께 지내지 않으면 안 된다면 결국에는 거의 분별할 수 없게 되고 만다. 나이가 든 사람조차 그렇다면 하물며 유연성 있고 감수성이 강한 성격의 젊은이라면 자기를 둘러싸고 있는 주위 사람들의 말이나 생활 방식을 곧 흉내내려 하기 때문에 그 가능성은 더욱 강하다.

의학자 찰스 벨[67]은 편지에 이렇게 쓰고 있다.

"교육에 관해서는 여러 가지로 논의되어 왔지만, 그 어니 것이나 시각에 작용하는 본보기라는 것을 소홀히 하고 있는 것 같이 생각된다. 본보기야말로 전능한 것이다. 나는 형제를 본보기로 많은 것을 배운다. 가족

---

66) Emerson, Harrington 1853~1931 미국의 경영 컨설턴트
67) Bell, Sir Charles 1774~1842 영국의 생리학자, 외과의사

전원이 자립정신에 불타고 있었기 때문에 나도 흉내를 내서 그 정신을 몸에 익혔다."

* 참다운 행복은 만드는 것은 다수의 친구가 아니라 선택된 훌륭한 친구들이다.
　　　　　　　　　　　　　　　　　　－ 벤 존슨(1573~1637 영국의 극작가)
* 三人行 必有我師 : 세 사람이 길을 가면 반드시 나의 스승이 있다.

2. 향상심을 가진 사람과 교제하라

나쁜 동료는 악을 낳고, 좋은 친구는 선을 낳는다

환경은 인격 형성에 큰 영향을 준다. 환경이 개인의 성장기에 있어서 영향력을 가장 많이 발휘한다는 것은 자연의 이치에 합당한 것이다. 시간이 흐름에 따라 본보기를 흉내내는 것이 습관이 되고, 언젠가는 그 사람의 성격으로서 굳혀지고 만다. 그리고 알게 되었을 때는 그 습관이 너무나 강하게 배어 있어서 다소나마 자기의 자유로운 발상마저 억제하지 않으면 안 된다.

성격으로서 굳혀진 나쁜 습관은 폭군과도 같이 마음속에서는 저주하면서도 피할 수 없는 경우가 있다. 저항하려고 해도 전혀 힘이 없는 습관의 노예로 변하고 마는 것이다.

"도덕적 교육의 주목적의 하나는 습관이라는 횡포한 대제국에 대항할 강한 정신력을 배양하는 거시다."라고 러크가 말한 것은 이러한 이유에서이다.

"나쁜 습관은 마치 장래에 반드시 되살아나는 전염병과 같은 것이다."라고 세네카[68]도 말하고 있다.

---

68) Seneca, Lucius Annaeus 4(?) B.C.~65 A.D. 고대 로마의 스토아학파 철학자

바람직한 영향을 받아 자기의 자유 의사를 양심적으로 작용시킨다면 젊은 사람은 반드시 자기보다 뛰어난 친구를 구해서 그의 본보기를 모방하려고 노력할 것이다. 적극적인 자세를 가진 선량한 인간과 교제한다는 것은 항상 좋은 영양분이 되는 것이다. 반대라 나쁜 동료들과 사귀게 되면 해(害)는 있고 이(利)가 없는 결과를 낳을 뿐이다.

* 아내를 고를 때는 한 계단 내려서고, 친구를 고를 때는 한 계단 올라서라.
* 친구가 화가 났을 때는 달래려고 노력하지 말고, 슬픔에 잠겼을 때도 위로하지 말라.
* 친구가 당신에게 꿀같이 달콤하더라도 전부 빨아 먹어 버리지는 마라.

3. 자기를 높여 주는 자극을 잘 흡수한다

자신에게 도움을 주는 친구를 사귈 때 자신의 가치가 높아진다

사람을 사귀는 데 있어서 그 사람에게서 사랑과 명예와 칭찬을 배우게 되는 사람도 있는가 하면, 반대로 경멸과 혐오감 밖에 가르쳐 주지 않는 사람도 있다.

고매한 인격을 가진 사람과 함께 지내보면 알게 될 것이다. 필시 자기 스스로도 향상하고 시야가 넓어지고 있다는 느낌이 들 것이다. 스페인 격언에도 "늑대와 함께 지내게 되면 멀리 짖는 소리를 잘 낼 수 있게 된다."라는 말이 있다.

극히 평범한 사이라도 방자한 사람과 사귀는 것은 바람직하지 못하다. 인정미가 없고 둔감한 독선적 사고방식이 몸에 배게 되기 때문이다. 이것은 인간다운 관용한 인격을 양성하는데 마이너스가 되는 것이다.

사물에 대한 견해가 틀에 박혀 버리고 도덕관념도 저하된다. 마음도 협소해지고 애매한 기회주의에 빠져들기 쉬워지고 만다. 큰 야심을 품고 완성된 인간이 되고 싶어 하는 사람에게 이것들은 치명적인 결점이 된다.

이와는 반대로 자기보다 뛰어난 재능을 가진 경험이 풍부한 사람과 교제하면 반드시 어떤 자극을 받아 활기를 띠게 된다. 인생에 대한 지식도

풍부해질 것이다. 그들과 비교해서 자기를 평가하고 부족한 지식을 나눠 갖도록 하면 좋을 것이다. 그들의 눈을 통해서 인식을 높이고 그의 풍부한 경험, 그것도 즐겁던 경험보다 괴로워 고민하던 경험에서 보다 많은 유익한 교훈을 배우게 될 것이다.

이와 같이 현명하고 활력 넘치는 사람과 교제하면 반드시 인격 형성에 가장 필요하고 가치 있는 영향을 받게 될 것이 분명하다. 즉, 재능이 풍부해지고 결단력도 강해진다. 원대한 목적을 가지고 자기는 물론 타인의 문제까지도 해결하는 데 도움이 되는 능력을 몸에 익힐 수 있게 되는 것이다.

한 부인은 다음과 같이 술회하고 있다.

"젊었을 때 혼자 지낸 탓으로 많은 손해를 입었다고 마음속으로 유감스럽게 생각하는 때가 있습니다. 타협하려고 하지 않는 자아만큼 지내는 데 나쁜 동료는 없습니다. 게다가 타인을 도우려면 어떻게 해야 좋을지 전혀 모르게 될 뿐만 아니라. 무엇을 해주기를 바라고 있는지도 짐작할 수 없게 되고 맙니다. 조용한 생활을 할 수 없을 정도로 야단스러워지는 것은 곤란하지만, 사람과 사귀는 것은 곤란하지만, 사람과 사귀는 것은 우리들의 기분을 흡족하게 하고 풍부한 경험을 쌓게 해주겠죠. 자선과는 또 다른 배려심이 점점 테두리를 넓혀서 반드시 보물을 가지고 돌아오는 것입니다. 인격 향상에도 도움이 되고, 자기의 중요한 목표에서 눈을 떼지 않고 자기의 길을 잘 개척해 나갈 수 있게 될 것입니다."

인격은 모든 면에서 효력을 발휘한다. 일하는 곳에 인격자가 있으면 동료의 용기를 북돋아주고 향상심도 높여 줄 것이다 반대로 인격이 비열하고 노동 의욕도 없는 인간은 모름지기 동료들의 질까지도 저하시키고 말 것이다.

선량한 사람과 교제를 하게 되면 반드시 선을 낳는다. 선량함은 넓은 범위에 영향을 미친다. "장미가 심어지기 전까지 나는 단순한 진흙에 불과했습니다."라는 말이 있다. 또 이런 말도 있다. '오이 덩굴에 가지 날까', '그 아비에 그 아들', '선은 선밖에 낳지 않는다'.

"선량함이 얼마나 많은 선을 낳는가, 그것은 놀랄 정도다. 선량한 것은 단독으로 되는 일이 없고, 악도 역시 마찬가지다. 그것은 또 다른 선이 되고, 악을 낳고, 새로 생긴 것은 또 그 다음으로 이어져 끝이 없다. 연못에 던진 돌이 파문을 일으키고, 그것이 점점 넓혀져서 결국에는 최초로 생긴 파문이 물가에 도달하는 것과 같다. 이 세상에 존재하는 거의 모든 선은 이와 같이 지나간 먼 과거로부터 차례차례로 이어져 온 것이며, 알려지지 않은 신의 마음으로부터 전해진 것이라고 나는 생각하고 있다." 라고 캐논 모즐리는 말하고 있다.

비평가 라스킨은 다음과 같이 말하고 있다.

"사악한 부모로부터 태어난 자는 사악을 낳고, 용감하고 명예를 중시하는 부모에게서 태어난 자는 용기와 명예를 가르친다."

인격 교육의 성패는 누구를 모범으로 할 것인가에 의해서 정해진다. 우리들의 인격은 주위 사람들의 성격이나 태도, 습관, 의견 등에 의해서 무의식중에 형성된다. 좋은 규칙도 도움이 되지만 좋은 모범에는 훨씬 미치지 못한다. 좋은 모범 중에는 실제의 행동을 통한 가르침, 산 지혜가 포함되어 있기 때문이다.

좋은 충고를 주면서 나쁜 본보기를 보이고 있는 것은 왼손으로 집을 지으면서 오른손으로는 그것을 무너뜨리고 있는 것과 같은 것이다. 따라서 특히 젊었을 때는 주의해서 친구를 선택해야 한다.

젊은이에게는 상호 끌어당기는 힘이 있고 사귀고 있으면 어느새 성격이나 인품이 서로 비슷해진다. 작가 에디워스의 말에 의하면 "젊은이는 특히 주홍과 섞이면 빨갛게 되는 성질이 강하기 때문에 제일 모범이 되는 친구를 선택해야 할 것이다."라고 한다. 이와 관련해서 그의 신조는 '좋은 친구와 사귀어라. 그렇지 않으면 아무도 사귀지 말라.' 였다.

해군장교 콜린우드는 젊은 친구 앞으로 다음과 같은 편지를 보냈다.

"쓸데없는 친구와 사귈 바에는 혼자서 살아라. 이것을 처세훈으로서 명심해 두기 바란다. 자기보다 뛰어난 사람이나 하다 못해 같은 정도의 사람을 친구로 해야 한다. 사람의 가치는 항상 친구의 가치에 의해서 정해지는 것이기 때문이다."

명의 시데남도 "사람은 말하는 상대가 선인인가 악인인가에 따라서 착해지기도 하고 나빠지기도 한다."라고 말하고 있다.

또 네덜란드의 화가 피터 레라는 사정이 허락하는 한 이류의 그림은 보지 않으려고 했다. 쓸데없는 그림에 영향을 받으면 자신의 그림붓까지 더러워져 버린다고 믿었기 때문이다.

마찬가지로 타락한 사람과 사귀고 있으면 자기 자신도 반드시 그에 물들어 품성을 떨어뜨리게 된다.

---

* 學而詩習之 不亦悅乎, 有朋 自遠方來 不亦樂乎 人不知而不溫 不亦君子乎 : 공자의 〈논어〉편에 나오는 글로 '배우고 때로로 익히면 또한 기쁘지 아니한가, 친구가 있어 먼곳으로부터 찾아오면 즐겁지 아니한가, 사람들이 나를 알아주지 않아도 성내지 않는다면 또한 군자가 아니겠는가' 라는 뜻

4. 인격자와의 교제는 만 권의 책보다 낫다

좋은 친구는 자신의 배움터이다

젊은이는 항상 좋은 친구를 찾아라. 자신을 한층 더 높이려고 노력해야 할 것이다. 정치학자 프랑시스 호너는 뜻이 높고 총명한 사람들과 직접 개인적인 교제를 갖는 것이 자신에게 얼마나 뜻이 있었는가를 다음과 같이 말하고 있다.

"확실히 지금까지 통독한 책을 전부 모은 것보다 그 사람들과 교제하는 것이 나의 지성을 더 향상시켜 주었습니다."

정치가 셸반은 젊었을 때 프랑스의 고명한 정치가 마르체르브를 찾아가서 깊은 감동을 받았다. 후에 셸반은 이렇게 기술하고 있다.

"나도 여기저기 상당히 많은 여행을 했지만 그때만큼 사람들과의 만남에 감명을 받은 예는 없다. 앞으로도 무엇인가 세상을 위해 사람을 위해 좋은 일을 할 수 있다면 그것은 틀림없이 마르제르브 씨의 추억이 나의 혼을 격려해 주기 때문임에 틀림없다."

자선사업가 파웰 박스턴의 젊은 날의 인격형성은 가니 가의 사람들에게서 큰 영향을 받았다. 그는 항상 "가니 가의 사람들은 나의 생활에 생기를 불어 넣어 주었다."라고 말하고 있었다. 그는 더블린 대학을 우수한 성적으로 졸업했는데 그것도 "가니 가에 드나들던 덕분입니다. 그 사람들의 자기 수양의 마음이 내게도 '감염' 된 것입니다."라고 솔직히 인정하고 있다.

좋은 친구와 교제하면 반드시 좋은 감화를 받는다. 꽃밭을 지나가는 나그네의 옷에 화초의 향기가 베어들 듯이 좋은 교제는 훌륭한 은혜를 선물로 준다.

작가 존 스탈링이 친구에게 얼마나 유익한 감화를 주게 되었는가는 지금도 이야기 거리가 되고 있다. 그의 덕분에 많은 사람이 자신이 좀더 우수한 존재라는 것을 깨달았다. 자신이 무엇이며 무엇을 해야 할 것인가를 그에게 배운 것이다. 종교가 트렌치는 스탈링에 대해 이렇게 회상하고 있다.

"그의 고귀한 인품과 접하고 있으면 나 자신도 약간 고상해 진 것처럼 생각됩니다. 그와 헤어진 후에는 언제나 오래 살고 있는 세계에서 좀더 높은 목표가 이는 세계로 내 자신의 마음이 끌려 올라간 것처럼 느껴졌습니다."

우수한 인격자는 이와 같이 언제나 주위 사람에게 작용한다. 우리들은 그의 힘에 의해서 무의식중에 높여지고 모든 느끼는 방법이나 견해도 그를 닮게 된다. 정신 상호 작용과 반작용은 이렇게도 큰 힘을 발휘하는 것이다.

예술가도 자신보다 우수한 재능의 소유자에게 자극되어 재능을 높여 간다. 예를 들면 하이든의 천재적 자질을 헨델에 의해서 처음 부추겨졌다 해도 과언이 아니다. 헨델의 작품이 연주되는 것을 듣고 하이든은 작곡에 대한 정열을 태웠다. 하이든 자신이 말하듯이 이 만남이 없었다면

그의 오라토리오 '천지 창조'는 햇빛을 보지 못했을 것이다. 하이든은 헨델에 대해서,

"일단 곡상을 정하면 그 다음은 번개처럼 돌진해 간다."라고 기술하고 있다.

또 다른 기회에는 "그의 어떤 멜로디를 들어도 나는 핏기가 사라지는 것처럼 오싹한 느낌을 받는다."라고까지 말했다.

작곡가 스칼라티는 하이든의 열렬한 신봉자로서 그의 뒤를 쫓아서 이탈리아 전국을 돌았다. 훗날에 이 거장의 추억을 이야기 할 때는 존경의 마음을 나타내기 위해 십자가를 그었을 정도였다.

진정한 예술가는 또 서로의 위대함을 솔직히 인정한다. 베토벤은 켈비니의 음악성을 거리낌 없이 절찬하고, 슈베르트[69]의 천부적인 재능에 대해서도 열렬한 찬사를 보냈다.

"정말 슈베르트 속에는 신의 불꽃이 자리하고 있다."라고 베토벤은 말하고 있다.

미술 분야에서도 예를 들면 노스코트는 젊었을 때 레놀즈를 신봉하고 있었다. 그때 이 위대한 화가가 공개 모임에 출석하자 노스코트는 군중을 헤치고 그 옷자락이 스칠 정도로 가까이 갔다. 후에 노스코트는 "레놀즈 선생님의 옷에 닿았을 때는 정말 날아오를 것 같은 기쁨이었습니다."라고 했다.

천재에 대한 한 젊은이의 열광적 동경의 기분이 이 한마디에 유감없이 나타나 있다.

---

69) Schubert, Franz Peter 1797~1828 오스트리아의 작곡가, 〈미완성 교향곡〉, 〈아름다운 물방앗간의 아가씨〉등 작곡

5. 친구는 자신의 동반자다
우정만큼 인생을 즐겁게 해주는 것은 없다

자기와 교제하고 있는 사람에게는 누구에게나 예의 바르게 하고, 자신을 둘러싸고 있는 인간관계 속에서는 자기의 역할을 다해야 한다지만, 모든 사람들과 똑같이 친밀해 질 수는 없다. 따라서 대규모적인 사회적 집단 속에는 특별히 친한 친구끼리의 조그만 그룹이 생긴다.

친구 관계는 여러 가지 경우에서 생긴다. 아마도 가장 많은 것은 어떤 계기, 특히 일이나 놀이를 통해서 서로 관련된 사람끼리 서로 친구라 부르게 되는 경우다. 이 경우의 친구라는 것은 단순히 즐겁게 지내기만 하는 상대인 경우가 많다.

자기의 비위를 맞춰 주는 상대를 친구라고 생각하는 경우가 흔히 있다. 비위를 맞추는 데에는 직접적인 방법과 간접적인 방법이 있다. 솔직하게 칭찬하는 것은 직접적인 방법이지만 상대의 기분이나 취미, 편견에 영합하는 것은 간접적인 방법이다.

자기가 학대받았다고 느낄 때 누군가가 함께 분개해 주면 기쁘다. 자기가 느끼는 질투, 분노, 허영 따위에 누군가가 함께 공명해 주면 기쁜 것이다. 방자한 폭군은 이런 방법 외에는 친구를 발견할 수 없다.

아이들 세계에도 이와 같은 추종자들이 있다. 그 아이들은 그렇게 하는 것이 득이 된다고 생각하고 있는 것이다. 그러나 올바른 마음을 가진 사람들이라면 그런 친구만큼 불쾌한 것은 없다고 생각하게 될 것이다.

진정한 우정의 조건은 호의와 존경 두 가지다. 기분 좋게 사귈 수 있는 상대에게는 서로 호감을 갖는다. 취미나 흥미가 비슷하다는 점에서 친하게 된다. 그러나 그것만으로는 진정한 우정이라 할 수 없다. 서로 호감을 가질 뿐만 아니라 서로 존경하지 않으면 안 된다. 존경심은 윗사람에게만 갖는 것이라고 생각하는 경향이 있기 때문에 아이들끼리 서로 존경한다고 하면 이상하게 생각할지도 모른다. 그러나 아이들도 어른과 마찬가지로 마땅히 존경받아야 하는 것이다.

지난 어느 날의 일인데, 무거운 짐을 든 부인이 전차에 올라탔다. 그러자 10세 가량의 소녀가 재빨리 자리에서 일어나 부인에게 자리를 양보했다. 그 아이는 역시 좌석을 양보하고 서 있는 아버지와 나란히 섰다. 아버지의 손을 잡고 귀여운 표정으로 서 있는 소녀의 다정한 태도와 행동에 대해서 나는 존경하는 마음을 금할 길이 없었다.

정직함이나 다정한 마음이 있는 믿음직하고 용감한 아이는 존경받을 만한 인물이다. 친구 중에는 존경할 만한 사람도 있는가 하면 그렇지 않은 사람도 있기 마련이다. 존경할 만한 친구라는 것은 다른 친구들과 마찬가지로 매우 재미있는 상대이긴 하지만 재미있는 것뿐만 아니라 다른 무엇인가를 갖추고 있다. 놀 때뿐만 아니라 자기가 어떤 곤란에 처해 있을 때에도 항상 곁에 있어 주었으면 생각하는 친구다. 그와 같은 친구가 존경할 만한 인물인 것이다.

그러므로 존경할 수 있는 인물을 친구로 선택하였으면 하는 것이다.

그리고 자기 자신도 항상 친구나 동료로부터 존경받을 만한 행동을 취하는 것이다. 우정만큼 인생을 즐겁게 해주는 것은 없다. 다만 친구에게는 모종의 책임이 따른다.

* 자기만을 구원하려는 자는 말하고, 남을 구하기 위해 끈임없이 노력하는 사람은 불멸한다. - 헤더슨(1863~1935 영국의 정치가)

* 우정의 규율로서 지켜야 할 일은 다음과 같다. 파렴치한 일을 요구하지 않고, 요구받았을 때에는 이를 행하지 않는다. - 키케로(106 B.C.~43 B.C. 그리스의 웅변가)

6. 친구 사이를 금가게 하는 두 가지 질투

진정한 친구란 성공을 함께 기뻐하고, 실패를 슬퍼하는 사이다

친구 사이의 책임이란 무엇인가에 대해 다음과 같이 생각해 보자. 친구가 있는 사람은 그 친구에 대해 성실하지 않으면 안 된다. 성실성은 여러 가지 면에서 나타난다.

예를 들면, 주위에 있는 사람 모두가 동료의 욕을 하고 있을 때 자기도 함께 휩쓸려 욕을 하는 것은 비열한 짓이다. 당사자가 해가 없는 농담으로 인정하고 있는 경우는 별개로 하고, 다른 사람과 함께 어울려서 그 친구를 웃음거리로 만드는 것은 실로 비열한 짓이다. 다른 사람이 자기 친구에 대해 나쁘게 이야기하면 그를 비호해야 하는 것이다. 친구에 대해 성실성을 표하기 위해서는 그 친구에게 유익한 것을 생각하고 항상 성의를 가지고 친구를 돕는 것이다.

친구를 질투해서는 안 된다. 친구에 대한 질투에는 다음 두 가지 종류가 있다.

첫째는 친구들의 관심을 독점하고 싶은 마음에서 생기는 질투다. 친구가 완전히 자기만의 친구가 되지 않으면 마음에 들지 않는 사람이 있다. 그러나 친구가 보다 광범위한 생활을 하고 있다면 그만큼 자기에게도 도

움이 되어 그와의 친구관계는 실로 가치 있게 되는 것이다.

또 한 가지의 질투는 좀처럼 극복하기 어려운 것이다. 그것은 친구에게 소위 '앞지름'을 당했을 때 생기는 감정이다. 친구끼리는 많은 점에서 비슷하기 때문에 경쟁의식도 생기기 쉽다.

"자신의 가장 친한 친구가 불행하게 된 이야기는 어떤 경우에도 일종의 즐거움을 느끼면서 들을 수 있는 것이다."라는 속담도 자주 듣는다.

잡지에서 이런 만화를 본 적이 있다. 한 남자가 기쁜 얼굴을 하고 잡지를 읽고 있었다. 친구가 돌아와서 이렇게 물었다.

"자네의 책에 대한 평이 좋게 나왔나?" 그러자, 남자는 "아니, 자네의 책에 대해 나쁘게 평을 하고 있다네."하고 대답하는 것이다.

이와 같은 대화는 서로가 친구라 부르고 있는 사람끼리의 사이에서 용이하게 볼 수 있는 것 같다.

진정한 친구라면 상대의 성공을 함께 기뻐하고 실패를 마치 자기의 실패인 양 함께 슬퍼하는 것이다. 그와 같이 사심 없는 공감만큼 아름다운 것은 없다. 진정한 친구라면 왕왕 자기 자신의 불행보다 상대의 불행을 오히려 더 참기 어려워하는 것이다. 자기의 괴로움은 대단치 않다고 생각하고 그 정도에 진다면 겁쟁이라고 말할 수 있는 사람이다. 친구에 대해서는 그런 냉혹한 말을 할 수는 없는 것이다.

설사 자기의 불행을 동정해 주는 친구가 있다 해도 쓸데없는 푸념이나 불만을 말해서 친구에게 필요 이상으로 괴로운 생각을 하게 해서는 안된다. 용감하고 굳세게 행동하는 것이 푸념이나 우는 소리를 하는 것보다도 친구의 공감을 더 잘 얻을 수 있다고 믿는다.

당신이 자기의 고생은 대단치 않다는 식으로 행동하면 할수록 친구에게는 당신의 고생이 한층 더 박진감 있게 느껴지는 것이다. 고생을 과장해서 말하면 오히려 대단치 않게 생각하기 쉬운 것이다.

친구에게는 정직해야 할 것이다. 자기의 생각을 솔직히 나타내는 것이다. 당신이 자기 나름의 성격, 그리고 개성을 갖추고 있다는 것을 표현하지 않으면 친구로서는 당신의 어떤 면을 존경하고 사랑해야 하는지 알지 못할 것이다.

친구가 잘못을 했을 때는 다정하고 정직하게 충고해 주는 것이다. 그러한 경우에 충고를 해주지 않는 사람은 친구로서의 가치가 없다.

친구가 친절하게 당신의 결점을 지적해 주었을 때는 그것을 쾌히 받아들일 뿐만 아니라 감사한 마음을 가져야 하는 것이다. 착하고 의지가 되는 친구만큼 값진 보물은 좀처럼 없는 것이다. 그와 같은 친구만이 자신의 결점을 지적해 줄 수 있는 것이다.

항상 성의 있게 친구를 위해 힘을 다하겠다고 말을 하면서도 그를 위해 거짓말을 하거나 비열한 짓을 하는 것은 절대로 안 되는 것이다. 한 남자가 다른 실업가에 대해 최대의 찬사로서, "그는 친구에게 은혜를 베푸는 일을 절대로 하지 않는 남자다."라고 말하는 것을 들은 적이 있다.

사회에 한정하지 않고 학교에서도 친구를 위해 거짓말을 하거나 비열한 짓을 하게 될 때가 흔히 있다. 그러나 진정한 친구라면 그러한 것을 부탁할 리가 없다. 그러한 부탁을 거절했다고 해서 당신에게 배려심이 없다고 말하는 따위의 상대라면 다음과 같은 시 한 구절을 들려주는 것도 좋을 것이다.

이다지도 사랑하는 그대이건만 / 이미 존경할 수 없게 되면 / 사랑하는 것 역시 할 수 없노라 – 라프레이스의 〈전쟁터로 가는 조카, 스타에게〉에서

7. 친구에 따라 자신의 인격이 정해진다
좋은 친구를 선택하는 것만큼 중요한 결정은 없다

여기서는 올바르게 '행동'하는 데 있어서 도움이 되는 것과 방해가 되는 것에 관해 생각해 보도록 하자.

그런 의미에서 어떤 친구를 갖느냐 하는 것은 가장 중요한 것이다. 청소년들이 이른바 '불량해지는 것'은 십중팔구 사귀고 있는 친구들 탓인 경우가 많다. 반대로 친구들에 의해 선도되는 경우도 있다.

친구에게서 이와 같은 영향을 받는 것은 인간이 주위 사람들이 하는 대로 자기도 그 사람들의 행동을 모방하는 생물이기 때문이다. 인간의 모방성은 원시사회로부터 현대사회까지의 세계 발전에 크게 공헌해 왔다. 직접적인 방법으로 배운 것밖에 익히지 못한다면 대단한 것은 익힐 수가 없다. 모방의 교육적 효과는 자기 주위 사람들이 하는 것을 보고 똑같이 하려고 하는 점에 있다.

이와 같은 교육은 많든 적든 일생동안 계속되는 것이다. 때문에 미개사회의 사람들은 문명사회의 생활 방법을 모방함으로써 향상해 온 것이다. 이것을 생각하면 모방하려고 하는 것은 아주 자연스러운 것이다. 다음에 그것을 증명하는 예를 몇 가지 들어보자. 인간은 자기가 생각하고 있는 것을 행동으로 옮기거나 이야기하거나 한다.

누군가를 때리고 싶다는 생각을 하고있으면 실제로 때리고 마는 경향이 있다. 그러나 반드시 실행에 옮기지 않는 것은 그에 따른 여러 가지 부작용도 생각하기 때문이다. 그런 행동을 하면 부모나 선생님의 꾸중을 듣게 될 것이라든가 상대도 반격해 오겠지 하는 등 여러 가지를 상상한다.

상대를 염려하는 마음이 생길 수도 있을 것이고, 사람을 때리는 것은 비열하다는 생각을 할지도 모른다. 이와 같은 여러 가지를 순간적으로 모두 잊고 상대를 때리고 싶은 기분과 때린다고 하는 행위밖에는 생각지 못하게 되었을 때는 실제로 때리는 행위를 할 것이다.

무엇인가 말을 하지 않으면 안 될 때에는 똑 같은 입장에 있을 때의 다른 사람들이 어떻게 말하고 있었는가가 자연히 떠오르게 되고 비슷한 식으로 말을 하게 되기도 한다. 거친 말투를 쓰는 그러한 무리들하고만 사귀고 있는 아이들을 예로 들어보자.

그가 화가 난다거나 불쾌한 일이 있을 때 우선 제일 먼저 머리에 떠오리는 것은 평소 동료들이 사용하던 말씨다. 따라서 자기도 그와 똑 같은 말씨를 사용하게 되는 것이다. 천하고 거친 말씨도 처음 들을 때는 불쾌하게 느끼고 쇼크를 받거나 하겠지만, 듣는 데 익숙해지다 보면 그런 불쾌감은 어느 정도 아니면 완전히 없어진다. 그러한 말이 머리에 떠올랐을 때 그것을 억제할 만한 감정은 거의 약해져 있다.

갖가지 말씨나 행동에 대해서도 그와 다를 바 없다. 문법에 어긋난 말만을 쓰고 있는 사람들 속에서 지내고 있으면 문법적으로 올바른 말을 계속 사용하기가 곤란해진다. 이런 점에서도 인간은 자기가 사귀고 있는 동료를 모방하는 경향이 있다는 것을 알 수 있다.

최면술이란 것은 시술자에 의해 최면 상태에 빠져 시술자가 암시하는 것만을 말하거나 보거나 혹은 생각하거나 하게 되는 것을 말한다. 시술자가 방안에 소가 있다고 말하면, 최면술에 걸린 사람은 방안에 있는 소가 보이고, 아마도 그 소를 밖으로 내쫓으려고 기를 쓰게 될 것이다.

전술한 바와 같이, 동료의 영향을 받고 있는 것은 조금 과장해서 말하면 이 최면술에 걸려 있는 상태와 다를 바 없는 것이다. 최면술에 걸려 있을 때 받는 암시에는 전술한 바와 같은 힘이 있다. 그것은 머리 속이 그 암시로 가득 차있기 때문이다. 보통의 친구들로부터 주어지는 말씨나 행동을 통한 암시에도 최면술과 같은 영향력이 있다.

친구들의 영향력은 최면술과 같은 큰 지배력은 없다. 그것은 최면술에 걸려 있을 때와는 달리 보통 상태에서는 친구들 외에도 각양각색의 영향력도 작용하고 있기 때문이다.

그런데 악습에 물든 젊은이들은 최면술에 걸렸을 때와 아주 똑 같은 상태로 친구의 영향력에 의해 좌우되고 있는 경우가 있다. 친구의 영향으로 인해 몸에 배고, 익숙해져 습관으로 발전하는 것에는 여러 가지가 있다. 경박한 언동, 배려심 없는 세상 이야기 등 자기의 품성을 깎아내리는 그런 언동이 그것이다. 좋은 친구는 좋은 생활 습관과 사고방식이나 느끼는 데 있어서 도움이 되지만, 나쁜 친구는 반대로 방해가 된다.

교우 관계가 이만큼 결정적인 영향을 주는 것이라면, 친구를 잘 선택함으로써 자기의 인생을 바른 방향으로 이끌어 나갈 수 있는 것이다. 자기 자신도 친구에게 영향을 줄 수 있다는 것을 잊어서는 안 된다. 친구와 나와 사귐으로써 나빠지는 일이 있어서는 안 된다는 것을 유념하지 않으면 안 되는 것이다. 친구의 인품을 손상시키는 것은 이 세상에서 제일 나쁜 것이다.

8. 내가 먼저 갈고 닦아야 한다

인생에 대한 최초의 교육은 가정에서 시작된다

사회생활 속에서 우정은 키워진다. 자연히 가장 밀접하고 가장 친애한 감정이 키워지는 것이며, 또 당연히 그래야 하는 것이다.

생명이 있는 거의 모든 것이 자기의 가정을 가지고 있다. 새에게는 둥지가 있고, 야생 동물에게는 소굴이 있고, 꿀벌에게는 벌집이 있다. 대부분의 동물에게 가정은 이 세상에서 제일 그리운 것이다. 밤이 되면 새들은 즐거운 듯이 둥지로 돌아갈 것이다. 새끼들이 있는 둥지에 낯선 인간이 가까이 가면 어미 새는 그 얼마나 야단스럽게 맴돌겠는가.

야생 동물은 무엇인가 다른 동물이 자기의 소굴에 가까이 가면 광폭해진다. 자기들 가정의 평안을 위협받는 것만큼 동물들을 무섭게 하고 화나게 하는 것은 없다. 말은 자기의 마구간으로 돌아가고 싶어 한다. 마구간은 때때로 자신을 가두고 있는 아주 기분이 나쁜 곳이지만, 그래도 그곳이 그들의 집인 것이다. 인간에게도 가정은 이 세상에서 제일 그리운 곳이며 또 그래야만 하는 것이다.

동물도 인간처럼 가정을 가지고 있지만, 그 유대 관계는 인간과는 크게 다르다. 동물의 경우는 어미가 새끼에게 관심을 갖는 것은 극히 짧은 기간 뿐이며, 새끼들도 어미나 형제에게 부리던 어리광을 그치고 만다. 새끼들은 태어나면 짧은 기간동안 함께 자란다. 어미는 새끼들을 보살피고 먹이를 갖다 먹여 주고, 때로는 새끼들을 보호하기 위해 싸워서 자신의 목숨을 잃기도 한다.

그러나 새끼들은 순식간에 제각기 어미 품을 떠나 자립해 날아간다. 새의 새끼는 불과 몇 주일 정도면 날 수 있게 성장한다. 그리고 제각기 다른 방향으로 자립해 날아간다. 마침내 그들도 자기들의 둥지를 만든다. 다시 어미나 형제와 만나게 되어도 서로가 알아볼 수 있는지는 알 수 없다.

인간의 경우, 아이들은 자립할 수 있을 때까지 오랫동안 부모 슬하에서 자란다. 그 후 사회에 나아가서 자기의 가정을 갖게 된다 해도 형제끼리는 서로 잊지 않고 사랑하며, 은혜를 입은 부모에게는 애정과 감사한 마음을 가지고 있는 것이다. 대부분의 인간에게 있어서 어린 시절을 보낸 가정은 일생동안 자기가 제일 좋아하는 곳으로서 기억에 남는다. 명절이나 크리스마스 때 그곳으로 돌아가는 것은 대단히 큰 기쁨인 것이다. 아이들의 성장기간도 대단히 길고, 따라서 부모의 보호 아래서 함께 지내는 기간도 대단히 길어진다. 이것은 인류의 역사 속에서 실로 중요한 의미를 가지고 있다. 이 가정에서의 긴 성장 기간을 통해서 아이들은 장래 어른이 되었을 때 사회에서 자기의 역할을 다하기 위한 준비를 한다. 그 준비는 다른 방법으로는 불가능한 것이다.

만일 인간의 자손들이 다른 동물의 새끼와 마찬가지로 짧은 기간밖에 가정에서 키워지지 않았다면 인류는 아마도 미개인 상태 이상으로는 진보하지 못했을 것이다. 가정은 문명을 진보시키는 위대한 힘이 되어 온

곳이다.

사회생활에 있어서는 배려와 애정과 규율을 엄수하는 정신과 성실성이 중요한 것이다. 이러한 것 모두를 최초로 학습하는 곳이 바로 가정이며, 가정에서 배우는 것만큼 잘 가르쳐 주는 곳은 없다. 형제자매나 부모를 사랑하는 습관을 통해서 조금씩 다른 사람을 사랑하는 애정도 배워가는 것이다. 부모의 분부를 따름으로써 순수성을 몸에 익혀 사회의 법을 저항 없이 준수할 수 잇게 되는 것이다.

이와 같이 인류가 미개 상태에서 현재의 문명에 이르기까지 진보를 해온 것은 가정의 영향과 긴 성장기간에 힘입는 바가 실로 크다.

* 참다운 친구를 가질 수 없는 것은 비참하리만큼 고독하다. 친구가 없으면 세상은 황야에 지나지 않는다. – 베이컨(1561~1626 영국의 철학자 · 문학자)
* 모든 것이 잘 되어 갈 때 친구를 만나는 것은 쉽고, 역경에 처해서는 매우 어렵다. – 에픽테투스(?~? 고대 그리스의 철학자)

9. 안과 밖이 다르게 행동하지는 않는가

가정에서 바르게 행동하는 사람은 사회에서도 바르게 행동한다

가정 생활은 대단히 중요한 것이며 대부분의 사람들에게는 실로 즐거운 것이지만, 또 많은 의무가 수반되는 것이다. 그 중 몇 가지 의무에 관해서 생각해 보기로 하자.

가정은 이 세상에서 제일 즐거운 곳 중의 하나가 되지 않으면 안 된다. 그렇게 되려면 가족 한 사람 한 사람이 마땅히 하지 않으면 안 될 노력의 의무를 지고 있다. 난폭한 언동은 가정이 아닌 다른 어느 곳에서도 바람직하지 못하지만, 특히 가정에서는 절대로 바람직하지 않다. 앞에서 가정이란 언제 어떠한 경우에도 즐거운 곳이라는 표현을 했지만, 모든 가정이 다 그렇다는 것은 아니다. 황량한 가정도 있다. 이것은 대체적으로 가족 중의 누군가가 혹은 가족 전원이 즐거운 가정을 이룩할 노력을 태만히 하고 있기 때문이다. 각자가 멋대로 지내면서 자신이 가족들의 마음에 얼마나 상처를 주고 있는 가에 대해 생각이 미치지 못하는 것이다.

가정에서보다도 바깥에 나와 있을 때 훨씬 남을 대하는 태도가 좋고 예의 바른 사람들이 있다. 친구나 친지들에게는 매우 상냥하게 말을 하면서도 가족에 대해서는 표독스럽게 불쾌한 말투로 대한다. 남들에게는

붙임성 있고 친절하게 대하면서도 자기 가족에게는 난폭한 태도를 취하는 사람도 있다. 노소를 불문하고 가정에서는 자기 외에는 관심이 없는 사람도 있다. 그런 사람은 집안에서는 말이 없고 건성이면서도 밖에서는 생기가 넘쳐 있는 것이다.

그러나 밖에서보다 가정에서야말로 예의 바르고 친절하고 사람들을 즐겁게 하는 유익한 인간이 되지 않으면 안 되는 것이다. 가정에서 예의 바른 사람이야말로 어떤 곳에서도 예의 바르게 행동하는 사람인 것이다. 가정에서의 행동이 난폭한 사람은 아무리 밖에서 예의 바르게 행동을 한다 해도 그것은 진정한 행동으로서 그 사람의 몸에 익혀진 것이라고는 말할 수 없다. 외출복을 입었다 벗었다 하는 것과 똑 같은 것이다. 집안에서는 깔끔하지 못한 사람이 외출을 할 때에는 훌륭하게 몸단장을 하는 사람도 있다. 가정은 즐거워야 할 뿐만 아니라 깨끗하게 해두어야 하는 것이다.

10. 인생의 지표가 되는 말 없는 본보기

가정은 가장 기초적인 사회다

본보기란 말없이 우리들을 가르쳐 인도하는 명교사이다. 속담이나 격언도 확실히 우리들이 나아가야 할 길을 제시해 준다. 그러나 실제로 사람을 인도하는 것은 말없는 무수한 본보기이며 생활을 둘러싼 현실의 모범인 것이다. 좋은 충고에는 그 나름의 무게가 있는데 좋은 본보기가 수반되지 않으면 결국 그다지 큰 효과는 없다. 세상에는 '내 말대로 해라. 내가 하는 대로 따라하면 된다.' 라고 말하는 게 보통인데 실제 인생 경험에서는 오히려 말보다 행동이 중시된다.

사람은 누구나 많든 적든 귀보다 눈을 통해서 모든 것을 배운다. 현실로 본 것은 그것이 아무리 사소한 것이든 단순히 읽거나 듣거나 한 것보다 훨씬 인상이 깊다.

특히 유년 시대에는 이 경향이 강하고 '눈은 지식의 전용 입구이다.' 라고 해도 과언이 아니다. 어린아이는 본 것을 무엇이든 무의식중에 모방한다. 곤충의 몸이 늘 먹고 있는 풀색과 비슷한 것처럼 어린아이는 어느새 주위 사람과 닮아가게 된다.

가정교육이 중요하다고 일컫는 이유는 거기에 있다. 아무리 학교 교육이 유익하다 해도 가정에서 보여주는 본보기가 어린 아이의 성격형성에는 훨씬 큰 영향을 준다. 가정은 사회의 결정이며 국민성의 중심을 이루고 있다. 우리들의 사회생활을 지배하는 습관이나 신조, 주의 주장은 그것이 깨끗한 것이든 더러운 것이든 가정 안에서 키워진다. 국가는 어린 아이 방에서 생긴다. 여론의 대부분은 가정에서 키워져 간다. 그리고 최고의 인간애도 각 가정의 난로 가에서 키워지는 것이다.

"사회 속에서 우리들이 속해 있는 최소 단위 즉, 가족을 사랑하는 것이 사회 전체를 사랑하기 위한 첫 걸음이다."라고 정치 사상가 버크는 말하고 있다.

배려심은 작은 가족애에서 출발해서 차츰 퍼져가고 이윽고는 세계 전체를 감싸게 된다.

제 5장
인격은 삶의 유일한 보물이다

1. 인격은 삶의 유일한 보물이다

훌륭한 인품은 무엇보다 우선적으로 존경을 받는다

훌륭한 인격, 그것은 인생의 가장 품위 있는 보물이다. 인격은 그 자체가 훌륭한 신분이며 세상의 신용을 쌓아 얻은 재산이다. 사회적인 지위가 어떻든 훌륭한 인격을 갖춘 사람은 그것만으로도 존경을 받는다.

인격의 힘은 재산보다 강하다. 인격을 갖춘 사람이 온갖 영예를 수중에 넣어도 부자처럼 다른 사람으로부터 그 명성을 시기 받거나 하지 않는다. 또 훌륭한 인격은 절대적인 영향력을 가지고 있다. 왜냐하면 그와 같은 인격은 무엇보다 사람들에게 신뢰받고 존경받는 자질, 즉 신의, 성실, 그리고 지조라는 미덕에서 생기기 때문이다.

훌륭한 인격은 인간의 최선의 특징이다. 인격을 갖춘 사람은 사회의 양심이며 동시에 국가의 원동력이 된다. 세계를 지배하는 것은 바로 높은 도덕이다. 나폴레옹도 말한 것처럼 전쟁시라도 도덕심은 물질적인 힘의 몇십 배나 위력을 발휘한다.

이렇게 보면 국가의 힘, 산업, 문명 등 이들의 성쇠는 국민 한 사람 한 사람의 인간성에 달려 있다고 말할 수 있을 것이다. 안전한 시민 사회의 기초도 그 위에 구축될 것이고 법률이나 갖가지 제도도 그 국민성에서 생긴 것에 불과하다.

　개인이든 국가나 민족이든 각각의 가치에 알맞은 것밖에는 얻을 수 없고 분수에 맞지 않는 희망을 가져도 마침내는 소용없다. 결과에는 반드시 원인이 따른다는 의미에서 본다면 개인의 인격이나 국민성이 우열이 인생이나 한 나라의 장래를 결정적으로 좌우한다는 것은 불을 보듯 분명한 진리이다.

　교양이나 능력이 부족하고 재산이 적은 사람이라도 훌륭한 인격만 가지고 있으면 다른 사람에게 큰 영향을 줄 수 있다. 설사 그것이 일개 노동자든, 의원과 같은 요직에 있든 사정은 변하지 않는다. 정치나 카닝은 이렇게 말했다.

　"나는 무엇보다 인격의 도야를 통해서 힘을 획득하고 싶다. 그것은 빠른 방법이 아니라도 제일 확실한 길이다. 나는 그것을 믿어 의심치 않는다."

　지성이 넘치는 사람을 존경하는 것은 전혀 상관없다. 그러나 지성 이상의 무엇인가가 없으면 그들을 신용하는 것은 경솔한 생각에 불과하다.

　프랑시스 호너의 생애에는 그 진리가 여실히 나타나 있다. 한 전기 작가는 호너 인생에 해서 다음과 같이 말하고 있다.

　"그의 인격은 성실한 젊은이 모두의 마음에 광명을 던져 줄 것이다. 그는 불과 38세에 세상을 떠났지만 누구보다 널리 사람들을 감화시켰다. 냉혹하고 마음이 비열한 사람들을 제외하고는 만인이 그를 존경하고 신뢰하여 그의 죽음을 슬퍼했다.

　지금 나는 모든 젊은이에게 묻는다. 왜 호너는 저렇게 높은 존경을 받았는가? 신분 때문일까? 그는 상인의 아들이었다. 재산 때문일까? 그러나 그는 여유 있게 사용할 수 있는 돈 같은 것은 가지고 있지 않았다. 직위 때문일까? 그는 겨우 2,3년 동안 아무 영향력도 없는 박봉의 직책에 있었던 것에 불과했다. 웅변 때문일까? 그의 말투는 조용하고 기품은 있었지만 사람을 놀라게 하거나 끌어당기거나 할 정도의 웅변력은 가지고 있지 않았다. 몸치장에 사람들을 넋 잃게 하는 매력이 있었기 때문일까? 그의 모든 것은 세상 사람의 그것과 조금도 다를 것 없는 온화한 것이었다.

그러면 호너가 왜 사람들의 존경을 받은 것일까? 그것은 그가 양식과 열의와 올바른 신조 그리고 양심적인 마음, 다시 말해서 착실한 사람이라면 누구나 그다지 고생하지 않고 손에 넣을 수 있는 자질을 몸에 지니고 있었기 때문이다. 바꿔 말하면 인품이 갖는 힘이 그를 높인 것이다. 게다가 이 인품은 선천적인 것이 아니라 흔히 있는 소질을 자신이 노력해서 구축한 산물인 것이다.

능력이나 구변의 재능만을 보면 그를 능가할 사람은 많다. 그러나 그들의 재능에 인격을 가미했을 때 그의 위에 오를 수 있는 사람은 하나도 없다. 평범한 능력밖에 없어도 선량한 마음을 잃지 않고 수양을 노력하면 설사 경쟁심과 질투가 소용돌이치는 사회에 있어도 반드시 큰 업적을 쟁취할 수 있다. 호너는 그것을 증명하기 위해 태어난 것과 같은 인물인 것이다."

---

* 큰 강은 돌을 던져도 흐름을 흩뜨리지는 않는다. 신앙이 있는 사람이라도 욕설을 듣고 곧 마음을 흩뜨리는 사람은 대하(大河)가 아니라 물구덩이에 지나지 않는다. – 사아디 (B.C. 11세기경 페르시아의 시인)

2. 높이 오르려 하는 자는 떨어지지 않는다

인생의 높은 목표를 가진 사람은 언제든 발전하고 향상한다

'지적 능력은 힘이다.' 라고 일컫는다. 그러나 가장 심오한 의미에서 말하면 인격이야말로 힘인 것이다. 애정없는 마음, 행동을 수반하지 않는 지성, 부드러운 마음이 없는 재능, 이들도 확실히 힘이긴 하지만 이러한 재능만 믿고 섣불리 행동하면 해악만을 초래하는 것이 될 수도 있다.

우리들은 확실히 이와 같은 지성에서도 무엇인가를 배우고 즐거움이 주어질 것이다. 그러니 그것을 존경하기는 상당히 어렵다. 마치 재치 있게 사람의 주머니에서 지갑을 **빼내는** 날치기나 말을 멋지게 조종하는 노상강도를 존경할 수 없는 것과 같은 이야기다.

성실과 고결, 선의라고 하는 자질은 단순한 말의 멋진 표현으로는 다 표현할 수 없다. 그리고 이 자질이야말로 인격의 근본을 형성해 간다. 이 자질에 강한 의지가 가해지면 그것이야말로 범에게 날개를 달아주는 격이다. 선을 행하고 악을 거부하고 곤란이나 불행을 참고 견디는 힘은 당장에 우리들 체내에 넘치게 될 것이다.

한 무인이 비열한 암살자에게 잡혔다. 암살자는 이 무인을 조소하고 '이제 너에게는 몸을 지킬 아무런 무기도 없다네.' 라고 코웃음 쳤다.

그러자 무인은 자신의 가슴에 손을 대고 "나의 무기는 언제나 여기 있다."라고 대답했다고 한다.

이와 같이 어떠한 불운을 만나더라도 고결한 사람의 인격은 눈부신 광채를 발한다. 설사 만인이 쓰러진 후에도 그는 고결과 용기를 무기로 혼자 고립된 요새를 지키고 있을 것이다.

아스킨은 속박되지 않고 독립된 정신과 진리에 대한 끝없는 탐구심을 겸비한 훌륭한 인물이었다. 그는 자신의 행동 신조를 다음과 같이 기술하고 있는데 그것은 다른 사람들도 마음에 새겨야 할 말이다.

" '항상 양심이 말하는 의무를 다하고 결과는 하늘에 맡겨라.' 이것이 어렸을 때 부모로부터 받은 가르침이다. 나는 지금도 이 충고를 실천하고 있고 결코 그것을 잊지 않고 일생을 마칠 것이다. 이 가르침을 지키며 살아온 나에게는 그만한 희생도 많았다. 그러나 조금도 후회하고 있지는 않다. 오히려 그와 같은 인생이야말로 결국은 번영과 행복에 대한 길이었던 것이다. 나는 내 아이들에게도 꼭 같은 길을 걷도록 가르칠 작정이다."

사람은 누구나 훌륭한 인격을 얻는 것을 인생의 최대 목적으로 해야 한다. 올바른 수단으로 그것을 얻으려고 노력하면 점점 사는 힘이 넘치고 인생관도 흔들리지 않게 될 것이다.

설사 실현할 수 없다 해도 인생에 높은 목표를 갖는 것은 조금도 헛된 일이 아니다.

"얼굴을 높이 들려고 하지 않는 젊은이는 언젠가는 발밑만 바라보며 살아가게 될 것이다. 하늘 높이 날려고 하지 않는 정신은 땅바닥을 기어 다니는 운명을 맞을 것이다."라고 정치가 디즈레일리[70]는 기술하고 있다.

70) Disraeli, Benjamin 1804~1881 영국의 정치가

생활과 사고에 높은 기준을 설정하고 지내는 사람은 확실히 발전하고 향상한다 최고의 성과를 구하려고 노력하면 누구나 최초의 출발점보다 훨씬 전진할 수 있을 것이다. 게다가 궁긍적 목표지점에는 달하지 못해도 끊임없이 앞으로 나아가려는 노력은 반드시 그에 알맞은 보답을 가져오게 될 것임에 틀림없다.

세상에는 인격자처럼 행동하는 위선자들도 많다. 물론 진짜 우수한 인격을 가진 사람을 좀처럼 잘못 보거나 하지 않는다. 그러나 사람들 중에는 훌륭한 인격이 돈벌이에 도움이 된다고 생각하는 무리도 있다. 그들은 특히 인격자인 체하고 경솔한 사람들을 속이려고 한다.

3. 정직이 최선의 방법이다
부정한 방법으로 얻은 것은 쉽게 없어지지만,
정당한 방법으로 얻은 것은 영원하다

옛날부터 '정직은 최선의 방법' 이라는 말이 있다. 오늘날 수많은 경험을 통해서 이 격언이 옳다는 것은 증명되고 있다. 무슨 일에 있어서도 그렇지만 비즈니스의 경우도 성실과 정직한 마음이 성공과 이어지는 것이다.

스코틀랜드 지질학자 휴 밀러의 백부는 훌륭한 인물이었는데 항상 밀러에게 이렇게 타이르고 있었다.

"남과 교제할 때는 다소나마 상대에게 득이 되도록 하는 것이 좋다. 상대의 편의를 꾀하고 무엇이든 충분히 주고 결코 아까워하지 마라. 그러는 것이 결국은 자신에게 득이 되는 것이니……."

한 유명한 맥주업자는 자신의 성공은 엿기름을 아까워하지 않고 사용했기 때문이라고 기술하고 있다. 그는 술을 만드는 공장으로 가서 시음할 때마다 반드시 '아직 묽은 데. 좀더 엿기름 섞어.' 라고 직공에게 말하곤 했다. 그의 선심이 맥주에도 전해졌는지 그 맥주는 감칠맛이 있고 영국은 물론이거니와 해외에서도 대호평을 받았다. 그리고 그는 막대한 재산을 수중에 넣은 것이다.

비즈니스상의 거래에 있어서는 언행일치를 기본으로 하여야 한다. 군인에게는 명예가, 종교인에게는 자비심이 중요한 것처럼 장사꾼이나 제조업자에게는 이 언행일치가 무엇보다 중요하다.

비즈니스만큼 인품의 선악이 엄하게 문제시되는 분야는 없다. 거기서는 정직한가, 자기희생 정신이 투철한가, 공장하고 성실하게 행동할 수 있는가 등을 엄격하게 선별한다.

이와 같은 시련에 통과하면 비즈니스맨은 전장에서 포화의 위험을 뚫고 나가서 스스로의 용기를 증명한 병사와 마찬가지로 높이 존경받을 가치가 있다. 게다가 이와 같이 훌륭한 비즈니스맨의 자격을 구비하고 있는 사람이 많다는 것을 우리들은 자랑스럽게 생각해야 한다.

생각해 보자. 적은 월급으로 겨우 생계를 이어가고 있는 말단 직원도 매일 거액의 돈을 맡고 있다. 점원이나 중개인, 은행원은 속이려고 마음먹으면 충분히 할 수 있는 현금을 언제나 취급하고 있다. 그런데 그런 유혹에도 불구하고 배신행위는 극히 드문 것이다. 자만할 만하다고는 말할 수 없어도 이와 같이 매일 정직한 행동이야말로 인간에게 있어서 무엇보다 큰 명예라는 것만은 인정하지 않으면 안 된다.

그러면서도 어느 시대에나 그랬던 것처럼 현재도 너무나 많은 부정과 사기가 없어지지 않았다. 이것은 한치의 양심도 없는 횡재부자가 되려고 안달하는 욕심쟁이들의 소행이다.

상품에 다른 것을 섞는 상인이나 일을 불완전하게 마치는 청부업자는 많다. 순모나 순면이라고 속이고 가짜를 강매하거나, 실을 끼우는 구멍도 뚫려있지 않은 바늘이나 조금도 날이 들지 않는 면도칼과 같은 가짜를 아무렇지도 않게 시장에 내놓는 업자는 유감스럽지만 끊이지 않고 있다.

그러나 이와 같은 사기 방법은 마음의 야비한 욕심쟁이들이 하는 예외적인 케이스라 생각하는 것이 좋다. 그들은 확실히 부를 얻을지 모른다. 그러나 그 부를 즐길 수는 없다. 마음의 평안이 없으면 부 같은 것은 한 푼의 가치도 없다. 정직이라는 인격을 버린 그들에게는 마음의 평안이 결코 찾아오지 않을 것이다.

한 성직자는 시장에서 칼을 파는 상인으로부터 1페니의 가치도 없는 나이프를 2펜스에 억지로 사게 되었을 대 "그 악당은 나를 기만한 것이 아니라 자신의 양심을 기만한 것이다."라고 말했다 한다.

강매나 사기로 속여서 갈취한 돈은 천박한 그들의 눈을 잠시는 즐겁게 할지 모른다. 그러나 파렴치한 무뢰한들이 얻은 부 따위는 결국은 비누 거품처럼 사라져 버릴 것이다.

근면 솔직한 사람은 양심 없는 그들만큼 빨리 재산을 모을 수는 없다. 그러나 속임수나 부정적 수단을 부리지 않고 양심껏 얻은 성공이야말로 진짜 성공인 것이다. 게다가 사람은 한 때 실패를 했다 해도 성실만은 지켜나가야만 한다. 왜냐하면 품성은 그 자체가 훌륭한 재산이기 때문이니까. 고결한 사람이 용기를 가지고 자신의 길을 돌진하면 반드시 성공은 찾아올 것이고 인간으로서 최고의 보수를 받게 될 것이다.

* 이제까지 한 번도 적을 만든 일이 없는 사람은 결코 친구를 갖지 못한다.
– 테니슨(1809~1892 영국의 시인)
* 다만 인간의 영혼만이 그 어떤 요새보다도 안전한 것이다.
– 에픽테투스(?~? 고대 그리스의 철학자)

4. 진정한 인격자를 측정하는 척도

진정한 인격자란 명예를 중요하게 여기는 사람이다

진정한 인격자란 최고의 모범적 성격을 가지고 있는 사람이다. 진정한 인격자를 의미하는 '군자(君子)'라고 하는 말은 역사를 통해서 어느 시대에도 지위나 권세의 상징으로 간주되어 왔다.

"군자는 항상 군자이며, 곤궁이나 위험에 직면하자마자 즉시 그 본분을 유감없이 발휘한다."라고 프랑스의 한 노장군은 병사에게 말했다.

군자의 강인한 성격은 그 자체가 위엄이다. 때문에 고결한 정신의 소유주는 군자에 대해서 본능적으로 고분고분 명을 따르겠다는 뜻을 나타낸다. 직함만 훌륭한 무리에게 머리를 숙이지 않는 사람마저 군자에게는 존경의 마음을 갖는다.

진정한 인격자인지 아닌지는 복장이나 생활양식이나 태도가 아니라 도덕적 가치에 의해서 정해진다. 재산이 아니라 인품이 그 판단의 기준이 된다. 구약성서 중의 '시편'에 진정한 인격자는 '곧장 걷고, 의를 행하며, 마음의 진실을 말한다.'라고 쓰여져 있다.

진정한 인격자는 자존심이 두렵고 무엇보다 자신의 품성에 중점을 둔다. 게다가 남에게 보이는 품성보다 자신 밖에 볼 수 없는 숨겨진 품성을 소중히 한다. 그것은 마음속의 거울에 자신이 올바르게 비치기를 바라고 있기 때문이다.

또 인격자는 자신을 소중히 여기는 것과 같이 다른 사람들도 공경한다. 그에게 있어서 인간성이란 신성시하여 결코 해쳐서는 안 되는 것으로 믿고 있다. 그리고 이와 같은 사고방식에서 예의범절과 관용, 배려심과 자비심이 생기기 때문이다.

진정한 인격자는 명예를 중시하는 마음이 강하고 비열한 행동을 취하지 않도록 언제나 마음 쓰고 있다. 말이나 행동에 있어서는 무엇보다 성실을 유의하고 잔재주나 변명으로 발뺌하지 않고 부정이나 속임수에는 손을 더럽히지 않는다. 어디까지나 정직을 관철하려고 한다.

인격자의 신조 중 첫째는 공정하게 행동하는데 있다. 체면이나 의리 때문에 마음에도 없는 '예스' 라고 대답하면 상대에게 허점을 이용하는 틈을 주는 계기가 된다. 거절해야 할 경우에는 단호한 태도로 '노' 라고 거절해야 한다. 그와 같은 용기를 몸에 익히고 있는 인격자는 결코 뇌물에 얽매이지 않는다. 매수하는 측의 계획에 호락호락 말려드는 것은 본바탕이 야비한, 지조가 없는 무리들뿐이다.

웰링턴 장군[71]이 식민지인 인도에 부임하던 중에 있었던 일이다. 그 당시 인도 부족간의 전쟁이 끝나고, 서로 평화조약을 맺는 조약을 체결하는 단계에 이르렀다. 그때 한 부족의 총리가 웰링턴 장군을 찾아왔다. 조약에 의해서 자국의 영토와 권익이 어느 정도 주어지는가에 대한 정보를 알기 위해서였다. 그리고 그에 대한 정보를 제공받는 대가로 10만 파운

---

71) Wellington, Arthur Wellesley 1769~1852 영국의 군인, 정치가, 워털루 전투에서 나폴레옹 군을 격파함

드 이상되는 거액의 돈을 주겠다고 약속했다. 그런데 웰링턴은 총리의 얼굴을 잠시 조용히 바라보다가 입을 열었다.

"보아 하니 당신은 비밀을 지킬 것 같은 분으로 여겨지는데……."

"물론이죠."라고 총리는 가슴을 폈다. 그러자 웰링턴은, "그렇다면 나와 같군요."라고 대답하자마자 웃는 얼굴로 인사를 하고 체면을 손상시키지 않은 상태로 그냥 돌려보냈다.

당시의 웰링턴은 군인으로서의 성공도 눈부시고, 막대한 부를 손에 넣으려고만 하면 그 기회는 많았다. 그런데 실제로는 조금도 개인 욕심을 채우려고 하지 않고 가난한 장군으로 본국으로 돌아갔다. 오히려 그것이 그의 명성을 더욱 높이는 결과가 되었다.

부와 지위는 훌륭한 인격과는 아무런 관계가 없다. 아무리 가난한 사람이라도 훌륭한 인격을 갖추고 있을 수도 있고, 매일 돈에 쫓기며 지내도 훌륭한 인품을 유지할 수 있는 것이다. 성실과 예절을 잊지 않고 절도와 용기를 갖고 자존심을 가지고 사는 사람은 빈부의 여하를 불문하고 진정한 인격을 갖춘 것이다.

가난해도 마음이 풍족한 사람은 마음이 가난한 부자보다 온갖 면에서 뛰어나다. 성 바울의 말을 빌면 가난해도 마음이 풍족한 사람은 '아무것도 가진 것이 없는 것 같으면서도 실은 모든 것을 지니고 있는' 것이다. 그 생활은 희망차고 아무것도 두려워할 것이 없다. 반대로 마음이 가난한 부자는 무엇이든 손에 넣을 수 있지만 실제는 무일푼과 다를 바 없다. 그 생활에는 희망도 없고 마음은 늘 불안과 두려움으로 차 있다. 이와 같은 가난한 정신의 소유주만이 진정한 의미로서의 가난한 사람인 것이다. 누추한 차림새 속에 진정한 용기와 다정한 마음을 감추고 있는 훌륭한 사람은 많다.

옛날에 아디제 강이 갑자기 내린 큰비로 범람해서 민가들이 줄지어 있는 다리를 중앙의 한 귀퉁이를 남긴 채 단숨에 휩쓸어가 버렸다. 남겨진 곳에는 한 채의 집이 있고, 그 창에는 구조를 요청하는 사람의 모습이 보였다. 그러나 탁류는 당장에 그 집을 모조리 휩쓸어버리려는 기세였다. 그때 기슭에 있던 스폴베리니 백작은 주위에 모여 있는 사람들에게 말했다.

"저 불쌍한 사람들을 구조한 사람에게는 100루이를 상으로 주겠소." 그러자 한 젊은 농부가 군중을 헤치고 앞으로 나와서 한쪽에 있는 작은 배에 뛰어 오르자마자 과감하게 격류 속으로 노 저어 갔다. 그는 교각에 당도하자마자 재빨리 가족을 배에 태우고 그대로 안전한 기슭으로 돌아왔다.

"정말로 장한 젊은이다. 자, 여기 상금을 받으라."라며 백작이 그에게 말을 건넸다. 그런데 젊은이는 이렇게 대답하는 것이었다.

"당치 않습니다. 내가 목숨을 내던질 만한 위험을 무릅쓴 것은 결코 돈 때문이 아닙니다. 돈을 내시겠다면 이 가족에게 주십시오. 집이 떠내려가 곤란에 빠져 있는 것은 이 가족들이니까요."

시인 워즈워드는 인생의 싸움에 있어서 '행복한 전사'의 모습을 다음과 같이 훌륭하게 읊조리고 있다.

그는 자신의 바라는 바를 알고 하나의 목표를 믿어 의심하지 않는다. 부와 명예와 세속의 지위를 구해서 무릎 굽히고 몸을 굽히려 하지 않는다. 이들의 덕은 자신과 그에게 가져오게 한다. 마치 은혜로운 비가 머리 위에 내리쏟아지듯이.

5. 절약은 자조 정신의 최고 표현이다

절약이란 생활을 규칙대로 검소하게 꾸려가며 낭비를 없애는 것이다

장래를 바라보고 살아가려면 실업, 질병, 사망이라는 뜻밖의 재난에 대한 대비를 게을리 해서는 안 된다. 이 가운데서 처음의 둘만은 피할 수도 있지만 죽음만은 사람의 힘으로는 어쩔 도리가 없다. 그러나 사려 깊은 사람이라면 갑자기 어떤 재난이 닥치더라도 고통을 될 수 있는 한 완화할 수 있도록 또 자신을 믿고 지내는 사람에게도 영향이 미치지 않도록 사전에 만전의 대비를 하여 생활할 것이다.

이런 점에서 볼 때 제일 중요한 것은 정직한 수단으로 돈을 벌어서 그 것을 절약하면서 사용하는 것이다. 정직하게 돈을 번다는 것은 유혹에 지지 말고 노력과 근면으로 소망을 이룩하는 것이다. 돈을 절약해서 사용한다는 것은 훌륭한 인격자의 기초가 되는 자질 즉 분별이나 선견지명, 극기심을 대비하고 있다는 증거다.

물론 언제나 돈이 도움이 된다는 것은 아니다. 그러나 의식이나 생활하는 데 만족은 물론이거니와 자존심이나 자립심 등 인간에게 뜻있는 것을 주는 것은 역시 돈의 힘인 것이다. 때문에 저축은 곤궁에 대한 버팀목인 것이다. 저축을 함으로써 우리들은 생활의 발판을 굳힐 수 있고 살림

살이가 나아질 때까지 희망을 잃지 않고 쾌활하게 살아갈 수 있다.

저축에 의해서 자신의 발판을 굳히려고 하는 노력은 그것만으로도 충분히 존경받을 만하다. 그 노력을 통해서 사람들은 발전하고 보다 강해진다. 행동의 폭이 넓어지고 내일을 살아가는 힘이 솟아오른다.

항상 곤궁에서 벗어나지 못하고 생활에 허덕이고 있는 것은 노예의 몸과 거의 다를 바 없다. 이런 사람은 자신의 행동마저 스스로 결정하지 못하고 섣불리 하다가 타인에게 속박당하고 다른 사람이 시키는 대로 움직여지고 만다. 게다가 성실하게 사회를 직시할 용기가 없기 때문에 비굴하게 될 수밖에 없는 것이다.

이런 가련한 상태에서 벗어나서 물심양면으로 자립하기를 원한다면 오로지 절약을 실천하는 길밖에 없다. 절약에는 뛰어나게 우수한 용기도 훌륭한 미덕도 필요 없다. 대수롭지 않은 마음가짐과 보통사람들과 같은 정신력만 있으면 충분하다. 절약이란 요컨대 집안 살림 전반에 걸쳐 질서 바르게 관리하는 것이다. 생활을 규칙대로 검소하게 꾸려가며 낭비를 없애면 되는 것이다.

그리스도는 절약의 정신을 '나머지는 주워 모아서 조금의 낭비도 없도록 하라.' 는 말로 표현했다. 전능한 그리스도 생활상의 사소한 일들을 경시하지 않고 인간에게는 깊은 주의가 필요하다는 것을 교훈으로서 우리들에게 남기고 있다.

절약과 인색과는 전혀 다르다. 절약은 마음의 여유를 낳고 그것이 선심으로써 나타난다. 이런 의미에서 '절약은 사려 분별의 딸이며, 절제의 누이 그리고 자유의 어머니다.' 라고 말할 수 있을 것이다. 요컨대 절약이란 바로 자조 정신의 최고 표현인 것이다.

사람은 누구나 분수에 알맞은 생활을 해야 한다. 그것은 성실한 생활 태도의 징표이기도 하다. 분수를 아는 생활에 만족하지 못하는 사람은 반드시 타인의 힘에 의지하기 시작하고 부정에 손을 물들이게 된다. 그리고 지출에는 전혀 무관심하고 타인의 불편 같은 것은 돌아다보지 않는 자기만족만을 추구해간다. 그들은 때를 놓칠 때까지 돈의 고마움을 전혀 깨닫지 못하는 것이다.

선천적으로 아무리 신심이 좋다 해도 절약하는 마음이 없는 사람은 결국 망하게 된다. 그들은 시간도 돈도 마찬가지로 낭비한다. 장래의 확실치 않은 벌이를 믿고 약속어음을 남발해서 머지않아 빚과 의무를 듬뿍 짊어지고 옴짝달싹 못하게 된다.

'절약이 필요하게 되면 조금씩이라도 저축을 해야 한다. 망하면서까지 인색한 돈벌이를 하려고 생각해서는 안 된다.'

이것은 베이컨의 처세훈이다. 실제, 수중의 돈을 정말 쓸데없이 흐지부지 써버리는 사람은 많다. 그러나 적은 돈이라도 그것을 올바르게 사용하면 그것이 부를 낳고 자신의 힘으로 생활하는 데 얼마나 큰 양식이 되겠는가.

낭비를 일삼는 사람은 때때로 '역경에서 헤어나지 못하는 것은 세상이 불공정하기 때문이다.' 라고 불만을 늘어놓는다. 그러나 그들의 진짜 적은 세상이 아니라 자기 자신 속에 있다. 자기 자신마저 내 편으로 할 수 없는 사람에게 누가 감히 손을 내밀어 주겠는가.

그러나 너무 인색한 것도 또한 생각해야 할 문제이다. 인색하고 소견이 좁은 사람은 생활에서도 비즈니스에서도 앞을 내다보지 못하고 결국은 실패한다. 흔히 말하듯이 1페니의 값어치밖에 없는 사람은 도저히 2

펜스의 가치 있는 사람이 될 수 없다. 정직이 최선의 방법인 것처럼 관용
과 선심도 또한 인생을 살아가기 위한 최선의 방법이라 할 수 있다.

6. 거짓은 빚의 등을 타고 여행한다

빚은 빚을 부르고, 거짓은 거짓을 부른다

'**텅** 빈 자루는 똑바로 서지 않는다.' 라는 속담이 있는데 이것은 빚이 있는 사람에게도 적용된다. 또 '거짓은 빚의 등을 타고 여행한다.' 라는 말도 있는데 실제로 빚이 있는 사람은 좀처럼 정직하게 될 수 없다. 돈을 빌리면 채권자에게 갚은 날짜를 미루기 위한 변명을 짜내야 하고 마침내는 꾸며낸 이야기마저 날조하기도 한다.

처음에 돈을 빌릴 때는 누구나 반드시 필사적으로 기일까지 돈을 갚겠다고 한다. 그러나 한 번 그것이 잘되면 맛이 들어서 다시 빌려도 걱정없다고 생각하기 시작한다. 그리고 눈 깜짝 할 사이에 빚더미에 올라앉게 되고 아무리 몸부림쳐도 거기서 헤어나지 못하게 된다. 이렇게 해서 빚에 대한 첫걸음은 거짓말의 첫걸음이 된다. 그리고 빚이 늘어남에 따라서 거짓말은 새로운 거짓말을 낳게 된다.

화가 헤이든의 타락은 빚을 진 그날부터 시작되었다. 그는 '가난해지면 자칫 품성이 떨어지게 된다.' 라는 속담을 그대로 실생활에 옮기는 듯한 생활을 보냈는데 그의 일기의 한 페이지에는 이렇게 쓰여 있었다.

'빚에 쫓기는 생활에 발을 내디딘 이래 지금까지 거기서 빠져나오지

못하고 있다. 아마 평생 나는 이 진흙 속에서 도망치지 못할 것이다.'

그가 금전 문제로 얼마나 절망감에 시달렸고 일도 손에 잡히지 않고 끊임없이 굴욕을 맛보고 있었는가는 그 자서전을 읽어보면 알 수 있다. 또 해군에 입대하는 한 친구 앞으로 그는 다음과 같이 써 보냈다.

'남에게서 돈을 빌리지 않으면 손에 들어올 수 없을 것 같은 즐거움 따위는 절대로 찾아서는 안 된다. 절대 돈을 빌리지 말라. 빚은 사람을 타락시킨다. 돈을 빌려주지 말라고는 않지만 그 덕분에 자신의 빚을 갚을 수 없을 정도라면 남에게도 빌려주어서는 안 된다.'

사무엘 존슨[72]은 '젊었을 때의 빚은 몸의 파멸과 결부된다.' 라고 항상 주장하고 있다. 그리고 다음과 같은 함축성 있는 말을 남기고 있다.

"빚을 '약간 불편한 것' 정도로 가볍게 여겨서는 안 된다. 빚은 재앙이다. 가난해지면 선행을 베풀고 싶어도 그 방법을 잃고 심신이 모두 악을 거부할 힘이 약해진다. 때문에 가난만은 어떻게든 피하지 않으면 안 된다. 가난을 피하려면 아무튼 누구에게든 돈을 빌리지 않으면 되는 것이다. '가난하게 되고 싶은가.' 라고 스스로 물어 보라. 수중에 있는 것은 무엇이든 절약하라. 가난은 행복을 위협하는 적이다. 그것은 자유를 파괴하고 때로는 미덕까지도 마비시킨다. 검소한 생활만 할 수 있다면 마음에 평안이 찾아오고 타인에게도 은혜를 베풀 수 있다. 스스로도 구제가 필요한 사람이 타인을 구제할 수 있을 리 없다. 충분한 저축을 함으로써 비로소 남에게 그것을 나눠줄 수 있는 것이다."

빚을 피하기 위해서는 돈의 수지에 끊임없이 마음을 쓰고 수지를 정확히 기록해 두는 것이 중요하다.

---

72) Johnson, Samuel 1709~1784 영국의 시인, 평론가

철학자 존 로크[73]은 "돈이 들어오고 나감을 정확히 기록하는 습관은 분수에 맞는 생활을 보내기 위해 큰 도움이 된다."라고 말하고 있다.

워싱턴[74]도 돈의 문제로는 실로 세심한 데까지 마음을 쓰고 있었다. 그는 언제나 자신의 능력에 알맞은 정직한 생활을 하려고 유의했다. 그리고 미국 대통령이라는 최고 지위에 오른 후에도 여전히 집안의 가계부를 세밀하게 조사하고있었다고 한다.

---

73) Locke, John 1632~1704 영국의 철학자, 정치사상가, 계몽철학과 경험론철학의 원조라 불림

74) Washington, George 1732~1799 미국의 초대 대통령

7. 일을 해야만 얻을 수 있는 인생의 기쁨
게으름은 만 가지 악의 근본이다

행동력 넘치는 인격을 키우기 위한 가장 좋은 방법은 일을 하는 것이다. 일을 함으로써 순종심, 자제심, 집중력, 순응성, 인내성 등이 싹트고 단련되어 간다. 그리고 각기 전문 기술을 향상시키고 재치를 기를 수 있을 뿐만 아니라, 일상적으로 일어나는 여러 가지 사건들을 때맞춰서 교묘하게 처리할 수 있는 요령도 몸에 익혀지게 되는 것이다.

일은 우리들을 진보, 향상시키는 산 법칙 즉, 살기 위해서 지키지 않으면 안 될 법칙이다. 대부분의 사람들은 살아가기 위해 부득이 일을 하지 않으면 안 된다. 그러나 주어진 인생을 최대한으로 살기 위해서는 모든 사람들이 어떤 형태로든 일을 할 필요가 있는 것이다.

어떤 면에서 일을 한다는 것은 괴롭고 힘든 생활이라고 할 수 있을지도 모른다. 그러나 동시에 긍지이기도 하며, 명예이기도 하다. 일을 하지 않고서는 어떠한 목표도 성취할 수가 없다. 인간의 내면에 숨어 있는 재능은 일을 통해서 완성되는 것이며, 문명은 노동의 산물이라 할 수 있는 것이다. 인간이 일을 하지 않는다면 아담의 자손들은 한 순간에 도덕적으로 퇴폐하여, 멸족하고 말 것이다.

태만, 다시 말해서 일하지 않고 있다는 것은 사람에게 재난을 당하게 한다. 녹이 쇠를 부슬부슬하게 해버리는 것처럼 태만은 개인이나 국가를 좀먹는다. 페르시아를 정복한 알렉산더대왕[75]은 그 국민의 생활방식을 보고, "쾌락을 추구하는 생활만큼 천한 것은 없고, 일에 몰두하는 생활만큼 고귀한 것은 없다. 그들은 그 점에 대해서 전혀 알지 못하고 있는 것 같다."라고 말하고 있다.

영국이 로마의 속국이었을 때, 로마 황제 세빌스는 죽음을 맞이하면서 부하들에게 유언으로 다음과 같은 한 마디만을 남기고 죽었다.

"일을 하라!"

로마군의 지휘관이 사기를 잃지 않고 권위를 유지할 수 있었던 것은 바로 끊임없이 일을 하고 있었기 때문이다.

당시 로마에서는 평범한 전원생활을 하는 것이 국민으로서 최고의 생활 방식이라고 생각하고 있었다. 로마의 박물학자 플리니우스[76]는 그 상황을 기록한 글 속에서, 승리를 거둔 로마군의 지휘관들은 부하와 더불어 밭을 일구고, 땀 흘려 수확하는 즐거운 전원생활로 돌아갔다고 기술하고 있다.

'장군이라 할지라도 자신의 손으로 직접 땅을 갈지 않으면 안 되었다. 월계관을 붙인 쟁기를 잡은 농부에게 파헤쳐지는 땅은 얼마나 기뻤을까.'

'일을 하는 것은 수치스럽고 맹목적으로 타인을 타르는 것이다.' 라고 경멸하게 된 것은 모든 분야에 노예를 대량으로 사용하게 되면서부터다. 로마의 지배 계급은 눈 깜짝할 사이에 일을 잊어버리고 사치스런 생

---

75) Alexandros the Great 356~323 B.C. 마케도니아의 왕

76) Plinius, Gaius P. Secundus 23~79 로마의 박물학자, 백과전서학자, 장군

활을 하게 되었다. 그에 따라 로마 제국의 붕괴는 결국 피할 수 없게 된 것이다.

게으름을 자랑하는 것은 미개인과 폭군의 특징이다. 인간이라면 누구나 일을 하지 않으면서도 노동의 산물만을 얻고 싶어할 것이다.

이 소망은 세계 공통적인 것이며, 제임스 밀[77]같은 사람은,

"정치가 처음으로 행해지게 된 것은 이 소망이 사회 전반에 걸친 이익을 헛되게 낭비하지 않도록 방지하기 위해서였다."라고 주장하고 있을 정도다.

태만은 인간을 타락시키고 국력을 저하시킨다. 게으른 자가 사회적으로 명성을 떨친 예는 없으며, 앞으로도 없을 것이다. 게으른 자는 언덕을 기어오르려고 노력도 하지 않고 곤란에 맞서려고도 하지 않는다. 게으른 자는 인생에서 실패를 되풀이 한다. 무엇을 해도 성공할 수 없는 것은 너무나 당연하다. 게으른 자는 아무 소용이 없다. 음침한 표정을 하고 불평만 늘어놓는 가련한 인간으로, 사회적으로는 짐스런 존재다. 거추장스럽고 귀찮은 존재인 것이다.

사뮤엘 존슨은 탐험가 버튼[78]이 쓴 흥미 있고 색다른 책을 읽고 싶은 마음에서 평소보다 2시간 일찍 일어나서 읽었다고 한다.

그 버튼의 책 속에는,

"우울해지는 것은 아무 일도 하지 않는 데에 큰 원인이 있다."라고 하는 구절이 있다.

---

77) Mill, James 1773~1836 영국의 고전학파 경제학자, 역사가, 공리주의자, 심리학자 John S. Mill의 아버지
78) Burton, Sir Richard Francis 1821~1890 영국의 탐험가, 외교관, 동양학자

"무위도식하는 것은 정신적이나 육체적으로도 치명적이며, 사악의 온상이며, 온갖 재난의 근원이며, 7가지 대죄[79]의 하나이며, 악마가 휴식하는 방석이며, 베개이며, 악마와 한 패다. 게으른 개의 털은 불결하고 피부병 투성이가 된다. 게으름이 있는 인간이 이와 같은 상태를 피할 수가 있을까."

* 우리들의 한쪽 눈은 인생의 좋은 부분을 보고 다른 한 눈은 나쁜 부분을 본다. 전자의 눈을 감아 버리는 나쁜 버릇을 가진 사람은 많으나 후자의 눈을 감는 사람은 드물다.- 볼테르(1694~1778 프랑스의 철학자 · 문학자)

79) 교만, 인색, 음란, 분노, 탐욕, 질투, 나태 등 본죄(本罪)의 일곱가지 근원

8. 고독하게 살지 말라, 게으름 피우지 말라

게으른 자는 인생을 따분하게 보낼 뿐이다

몸을 움직이는 것이 귀찮아 지는 것보다도 정신이 나태해지는 것이 훨씬 더 무섭다. 머리가 좋은데도 아무 일도 하지 않는 것은 일종의 병이다. 나쁜 병이든, 정신을 부식 시키는 녹이든 지옥 바로 그것이다. 물이 괴어 있는 웅덩이에 불결한 벌레가 들끓는 것처럼 게으른 자의 머리 속에는 썩은 나쁜 생각이 만연하고 있다. 혼이 악마의 포로가 되고 마는 것이다.

사회적으로 어떤 지위에 있어도 상관없다. 대단한 부자는 아니지만 엇비슷하게 행복한 생활을 하고 있는 태만한 사람에게 남아 돌 만큼의 재물과 원하는 만큼의 만족을 주었다고 하자. 그러나 나태가 없어지지 않는 한 그들은 언제까지나 이 정도면 됐다고 만족하는 일이 없고, 심신이 모두 병든 채 변함없이 지친 표정으로 초조함과 불만을 늘어놓고 눈물을 흘리며 한숨을 쉴 것이다. 또한 자기의 불행을 한탄하며 사회의 모든 것에 대해서 계속 반항할 것이다. 그리고는 어디론가 가버릴까, 죽어 버릴까, 혹은 환상의 세계로라도 끌려가 버리는 것이 훨씬 낫겠다고 생각하게 된다.

버튼은 마지막으로 다음과 같이 맺고 있다.

"다정한 사람은 자기의 행복을, 우울증에 걸려 있는 사람은 심신의 건강을 다음 구절에서 찾아주기 바란다. 고독과 태만에 굴복해서는 안 된다. 고독하게 살지 말고, 게으름을 피우지 말라."

태만이라 해도 하나부터 열까지 태만해져 버리는 것은 아니다. 몸은 움직이기를 싫어해도 머리의 움직임은 태만해져 있지 않다. 곡식을 맺게 하지 못하면 대신에 엉겅퀴가 자라나서 게으른 자가 걷는 인생길에 무성해질 것이다.

진정한 행복은 두뇌나 신체의 기능이 효율적으로 활동하지 않으면 얻을 수 없는 것이다. 건강이나 활기가 기쁨을 잃는 것은 몸을 움직여서가 아니고 태만해서다. 일을 하면 정신적 피로나 고통이 생길지는 모르지만, 태만히 하고 있을 때의 정신은 가장 헛된 에너지를 낭비하는 것이다.

'병에는 일을 하는 것이 가장 좋은 치료법이다.'라고 생각하는 현명한 의사가 나타난 것도 이러한 이유다.

"가장 위험한 것은 한가한 시간이다."라고 마샬 홀이라는 의사가 경고하고 있다. 프랑스 한 주교는,

"사람의 마음은 맷돌과 같은 것이다. 밀을 넣으면 갈아서 가루가 되게 하고, 밀을 넣지 않아도 역시 계속 돌아가서 나중에는 스스로 마멸되고 만다."라고 입버릇처럼 말하고 있다.

태만한 인간은 핑계를 잘 댄다. 게으른 사람 중에는 일은 하기 싫어하면서도 생떼만은 잘 부리는 사람이 많다.

'길가에 사자가 있어서', '저 언덕을 넘기가 힘들 것 같아서', '해봤지만 소용이 없었고, 더 이상 하고 싶지 않아서', '노력하는 것만큼 낭비

야' 라는 등의 핑계를 댄다.

'아무런 노력도 없이 무엇인가를 손에 넣고 싶다.' 라고 하는 소망은 연약성을 나타내고 있다. 손에 넣을 만한 가치가 있는 것은 대금을 지불하지 않으면 자기 것이 될 수 없다는 것을 인정하는 것이야말로 행동력을 키우는 비결이다. 여가마저도 일을 한 결과로써 얻어진 것이 아니라면 진정으로 즐겁지가 않다. 일을 하지 않고 얻어진 여가는 아직 대금을 지불하지 않은 것이 된다.

일은 어디에나 있는 것이며, 일을 하면 당연히 여가가 기대된다. 그러나 일을 하지 않고 얻은 여가는 맛있는 음식을 과식하는 것과 별로 다를 바 없다. 할 일이 없다. 혹은 일이 있어도 하려고 하지 않는 게으른 자는 부자이든 가난한 사람이든 마찬가지로 따분한 인생을 보내게 될 것이다.

감옥에 여덟 번이나 투옥되었던 한 프랑스 40대 남자의 오른쪽 팔 문신이 새겨져 있는데, 그것은 세상의 게으름뱅이들이 좌우명으로 하기에 딱 어울리는 말이다.

"과거는 나를 깔보고, 현재는 나를 괴롭히고, 미래는 나를 공포 속으로 몰아넣는다."

* 하늘이 주신 것을 취하지 않으면 오히려 그 꾸지람을 받는다. 때가 와서 행하지 않으면 오히려 화를 입는다. − 사마천(145 B.C)~86 B.C. 중국의 역사가 · 문학자)

9. 주어진 환경을 최대한 활용하라

어렵고 힘든 고통을 이기는 것은 인생을 가치 있게 만드는 밑거름이다

에피쿠로스[80] 철학[81]과 더불어 고대 그리스 시대에 역설된 행동 원리에 스토아학파의 '금욕주의' 가 있다. 스토아 철학이 역설하는 것은, 인간은 여하한 경우에도 자제심을 잃어서는 안 되며, 자제함으로써 생기는 마음의 평안을 가져야 한다는 것이다. 즉, 인간은 항상 자기 자신의 지배자가 되지 않으면 안 된다는 것이 스토아 철학의 가르침이다.

큰 부자가 그의 모든 재산을 잃어버렸다고 하자. 아마도 그는 크게 낙담해서 불행하게 될 것이다. 그럴 때 스토아 철학자라면 이렇게 말할 것이다.

"당신이 잃어버린 것이 도대체 뭐란 말인가. 돈은 당신 신체의 일부가 아니지 않는가."라고 말이다.

그리고 고통스런 나머지 정신적인 안정을 잃고 절망 직전에 있는 사람에게는 이렇게 역설할 것이다.

---

80) Epikouros 341(?)~271(?) B.C. 고대 그리스 철학자, 공동생활을 하면서 문란하지 않은 검소한 생활의 실현을 주창

81) Epicureanism : Epikouros의 학설을 신봉한 학파로서 감각적인 쾌락을 물리치고 검소한 생활 속에서 영혼의 평화를 구하고자 하는 학파

"육체적 고통 때문에 정신의 평안을 흩뜨려서는 안 된다."라고 말할 것이다.

즉, 스토아 철학자에게 있어 정신, 다시 말해서 자신은 온갖 공격에 대해서 방어해야 할 요새인 것이다. 여하한 사태가 일어난다 해도 자기 자신이 결국 자신의 지배자라는 것을 중요하게 여겨야 한다는 스토아 철학의 사고에서는 행복하게 지내거나 혹은 살아간다는 것 자체도 인간의 큰 목적이어서는 안 되는 것이다. 인간은 살아있는 동안은 착하고 선한 생활양식을 취해야 하는 것이다. 부자든 가난뱅이든 불문하고 또 사람들에게 칭찬받든 경멸당하든 어떤 경우에 놓여져 있느냐 하는 것은 그렇게 중대하지 않다. 중대한 것은 어떤 경우에 처해지든 간에 그것을 최선을 다해서 활용하는 것이다.

연극을 예를 들자. 명배우라면 그 배역이 임금이 되던 거지가 되던 문제가 아니다. 배역을 잘 소화시켜서 연기를 잘하는 것만이 중요한 것이다. 배우에게 박수가 보내지는 것은 그가 왕관을 쓰고 화려한 생활을 하고 있는 것을 보여주어서가 아니다. 누더기를 걸치고 있어도 그 배역을 멋지게 연기해 보였기 때문이다.

그러나 실제적으로 인생은 다르다. 자기의 인생에서 우리들은 맡은 배역을 가장 중요하게 생각한다. 그 배역을 어떻게 잘 소화시켜 나가고 있느냐는 것보다도 그 배역 자체에서 판단하는 경향이 없다.

유명한 스토아 철학자 에픽테투스[82]는 구기(球技)를 예로 들어 다음과 같이 역설하고 있다. 볼 자체를 놓고 마치 그것이 행복 혹은 불행 바로 그것인 것처럼 싸우는 사람은 없다. 어느 선수나 어떻게 하면 볼을 가장

---

82) Epiktetos 50(?)~138(?) 로마 제정시대의 스토아 철학자

잘 던지고 또 잡을 수 있느냐는 것만을 생각하고 있다. 시합의 흥미는 볼을 소유하는 것이 아니고, 선수들이 볼을 던지거나 잡거나 하는 기술에 있는 것이다. 즉 에픽테투스에 의하면, 인생의 표면적인 사물 그 자체에는 가치가 없고 그것을 어떻게 잘 구사하느냐는 것만이 중대하다는 것이다.

이 세상에서 가장 행복한 사람이나, 사람들에게 가장 유익한 사람이 반드시 제일 부자라든가 성공한 사람이라고는 할 수 없다. 오히려 그런 사람 중에는 세상에서 별로 대우받지 못하는 경우가 많다. 그러나 그들은 자기에게 주어진 것은 어떠한 것이라도 가장 잘 구사할 줄 알고 있는 것이다.

스토아학파의 철학자 중에는 귀족이 많았고 그들 주에서도 특히 로마 귀족이 많았다. 그들이 질실강건(質實剛健)[83]한 기풍이 이 학파의 성격에 잘 조화되어 있었던 것이다. 그 중의 한 사람이 에픽테투스였다. 그는 로마 태생은 아니었지만 생애의 대부분을 로마에서 지냈다. 그는 처음에는 노예였지만 훗날에 자유인이 되었다.

그밖에 로마 황제인 마르쿠스 아울렐리우스[84]도 스토아 척학을 역설하고 있다. 황제 마르쿠스 아우렐리우스의 저작 「부동심(不動心)」뿐만 아니라 본래 노예 신분이었던 에픽테투스의 저작도 현대까지 남아 있으며, 그로부터 스토아 철학에 대해 알 수가 있다. 이 사실도 경우 그 자체는 별로 중요하지 않다고 하는 스토아 철학의 성격을 예증하고 있다고 할 수 있다.

고통이나 그 밖의 노고를 용감하게 견뎌낸다는 의미로 '불굴의 정신'

---

83) 質實剛健 : 꾸밈이 없고 진실하며, 의지나 기상이 굳세고 건전함
84) Marcus Aurelius 121~180 고대 로마의 황제(재위기간 : 161~180) 「참회록」지음

이라는 말을 많이 쓴다. 그러나 그것은 고통을 느끼지 않는다는 것이 아니다. 아주 민감한 사람이 가장 위대한 불굴의 정신의 소유자인 경우가 있다. 그것은 그가 자제심에 의해서 주체성을 갖고 육체적인 고통에 의해서 정신의 평안을 흩트리지 않도록 하고 있다는 것이다.

이와 같은 불굴의 정신은 금욕주의자가 스토아 철학의 성격상이나 생활면에서도 대단히 중시하고 있는 미덕이다. 고대 그리스시대의 스토아 철학과는 달리 현대에서는 일반적으로 금욕주의라고 하면 이와 같이 영웅적으로 고통을 견뎌낸다는 의미를 나타내고 있다.

불굴의 정신의 훌륭한 예는 스토아 철학자 에픽테투스의 생애를 들 수 있다. 그가 노예 신분으로 있을 때의 어느 날, 주인이 그를 악랄하게 때렸다.

그러자 에픽테투스는 온화하게 "조심하시지 않으면 저의 다리가 부러지고 말겁니다."라고 말했다. 그러나 너무 심하게 매를 맞아 결국 뼈가 부러지는 소리가 났다.

그러자 에픽테투스는 전과 다름없이 온화하게 "보십시오. 말씀드린 대로 됐습니다."라고 말했던 것이다.

어떤 아이들이나 어느 정도의 고통이라면, 비명 따위는 지르지 않고 참을 수 있을 정도로 금욕주의적이 되지 않으면 안 된다.

아이들은 운동을 할 때면 이런 금욕주의를 실로 잘 나타낸다. 예를 들면 야구나 축구 시합 중에는 고통스런 생각을 많이 한다. 그러나 선수가 신체를 강타 당하거나 쓰러지는 것을 보지 않는다면 관객으로서는 그들이 그렇게 큰 고통을 참고 있다는 생각은 하지 못한다. 이와 같은 금욕주의는 굳건한 의지의 결과이기도 할 것이다.

그 선수는 자제심을 잃지 않으려고 결심하고 있는 것이다. 자기의 충동을 억제하고 고통을 참고 견디려 하고 있는 것이다. 즉 자제심이 실제로 고통을 완화시키고 있는 것이다. 반대로 의지력을 버리고 고통에 몸을 맡겨 버린다면 그 고통은 더 없이 격심해질 것이다.

겨울날 아침, 추위에 몸을 움츠린 아이들은 용감하게 추위에 맞서서 그것을 자랑스럽게 생각하고 있는 아이들에 비해 훨씬 더 추위를 느낀다고 한다. 용감하게 추위에 맞선 아이들은 실제로는 그다지 추위를 느끼지 않는다. 남자다운 의지력으로 혈액의 흐름이 빨라져서 손끝까지 몸을 따뜻하게 하고 있기 때문이다.

의사의 이야기로는 입원 환자 중에는 투병의 기력을 잃어버렸기 때문에 사망하는 자가 있는가 하면, 굳건한 의지력을 가지고 체념하지 않았기 때문에 회복하는 환자도 있다고 한다. 의지력에 의해서 정신이 육체를 이겨내는 것이다.

이런 자제심은 진정한 의미에서의 '긍지'에 의해서 도움을 받게 된다. 참지 않으면 안 되는 것을 참는다는 것은 남자다운 것이다. 고통에 쉽사리 지고 만다면 친구들에게서 '울보'라고 놀림을 받고 만다. 전혀 남자답지 못한 놈이라는 의미다. 갓난 아기는 자제심이나 긍지가 있을 리가 없으니 조그마한 고통에도 울어대는 것은 당연한 것이다.

미끄러운 길에서 넘어진 사람을 보면 긍지라는 것이 전형적으로 나타나는 예가 많아서 재미있다. 넘어진 사람은 아무리 아프고 굴욕감을 느낀다 해도 일어서면 곧 어떻게든 아프지 않다는 모습을 보여주려고 괜찮다는 표정으로 주위를 돌아보기 때문이다. 넘어져서 원기를 잃었다든가 추태를 부린 것 같은 인상을 사람들에게 보이기가 싫은 것이다.

자제심은 다른 일에 대한 관심에 의해서도 도움을 받게 된다. 예를 들어 시합 중에 부상을 입은 선수는 고통을 잊기 위해 필사적으로 부상에 대해 신경을 쓰지 않으려고 한다. 전투 중에 부상을 당한 병사는 싸움이 끝날 때까지 자기의 부상을 깨닫지 못하고, 싸움이 끝나도 전투 후의 승리감 혹은 패배감에 마음을 빼앗겨 아픔을 잊고 만다.

초기의 그리스도 교도들은 대단히 열렬한 신앙과 사랑을 품고 있었기 때문에 로마의 박해 밑에서 받은 화형의 고통도, 야수에게 찢겨지는 아픔도 거의 느끼지 못했던 것 같다. 다시 말해서 고통에서 다른 관심 있는 것으로 마음을 돌림으로써 견디는 것이다.

인생의 불운을 용감하게 견디려면 자기 이외의 것에 관심을 기울일 수 있는 단련을 쌓고 그에 마음을 집중시켜서 병 따위에 너무 동요하지 않도록 하는 것이 중요하다. 따라서 고통을 참고 있는 사람을 도우려면 단순히 동정하거나 위로하는 것만으로는 안 된다. 그 사람의 기분을 무엇인가 다른 것으로 돌리도록 하는 것이 좋다. 예를 들면 책을 읽어 준다거나 어떤 계획에 관해 서로 대화를 하도록 할 필요가 있다는 것이다.

결국 고통을 멋지게 견딜 수 있도록 자신을 단련하는 것이다. 훌륭하게 견뎌낸다는 것은 헛되이 괴로워하는 것이 아니고 고통이나 불쾌감 또는 불평을 참고 견디는 것이다. 이와 같이 자신을 단련하는 기회는 일부러 만들지 않아도 얼마든지 찾아 볼 수 있는 것이다.

10. 곤란을 만나면 정면으로 돌파하라
성공을 하려면 어려움을 이기고 넘어서야 한다

불굴의 정신과 마찬가지로 용기도 금욕주의적 미덕의 하나이며 자제심의 일종이다.

불굴의 정신이 고통이나 불쾌감으로부터 남자답게 견디어 내는 힘을 주는 것과 마찬가지로 용기는 고통이나 불쾌감에 대해 위축되지 않는 힘을 주는 것이다.

겁먹은 말을 다루는 법을 예로 들어보자. 말이 길을 가다가 무엇인가를 발견하고 그곳을 지나가지 않으려고 한다. 어떻게든 통과하지 않으면 안 된다고 할 때에는 말은 무서운 기세로 앞질러 달려가려 할 것이다. 그러나 본심은 방향을 바꿔서 가능한 빨리 반대 방향으로 도망쳐 가고 싶은 것이다. 그러나 말을 타고 있는 당신은 그대로 전진하고 싶다는 생각을 하고 있다.

당신은 그런 경우에도 말을 훈련시켜 놓지 않으면 안 된다고 생각하고, 말이 두려워하고 있는 것이 단지 나무그루터기 같은 전혀 해를 입히는 것이 아니라는 것을 말로 하여금 깨닫게 하려고 한다. 여기서 온화하면서도 의연한 태도로 말이 두려워하고있는 그곳 가까이까지 걸어가게 한다. 그렇게 하면 말의 공포심이 해소되고 다음에 그곳을 지나갈 때는 애를 먹지 않고 통과할 수 있을 것이다.

그뿐만 아니라 말은 자기보다도 당신이 더 현명하다는 것을 알았기 때문에 당신을 신뢰하게 된다. 따라서 다음에는 어떤 무서운 것을 발견하더라도 당신이 괜찮다고 생각하고있다는 것을 알면 말은 어엿하게 발길을 옮겨 나갈 것이다.

말도 이만한 훈련을 할 수 있으니 당신 자신도 훈련할만한 가치가 있는 것이 아닐까. 당신은 무엇인가에 겁을 먹는다거나 뒷걸음치고 싶어진 적이 없는가, 그런 때 재갈을 물린다거나 박차를 가하는 것처럼 자기 자신을 고무하고 격려할 필요를 느끼진 않았는가.

추운 날 아침, 잠자리에서 일어나기를 몹시 싫어하는 사람들이 있다. 사실 그들은 일어나기 전부터 살을 베이는 듯한 추위를 상상하며 밖으로 나갈 때의 고통을 생각하다 보니 그것이 겁이 나서 어떻게든 시간이 빠듯해질 때까지 잠자리에서 일어나지 않고 있는 것이다. 수은주가 영하로 내려간 것을 보면, 그 사실을 알지 못했을 때의 실제 추위보다 더 추위를 느끼는 것과 마찬가지다.

치통으로 고생하고 있는 사람이 충치를 뽑는 것이 겁이 나서 충치를 뽑지 못하고 있다. 이것은 실제의 고통과 상상적 고통의 양면에서 실제보다 훨씬 아픈 생각을 하고 있는 상투적인 예가 될 것이다.

누구에게나 하지 않으면 안 될 유쾌하지 못한 일들이 이 세상에는 많이 있다. 그리고 많은 사람들이 전술한 바와 같이 받지 않아도 될 쓸데없는 고통을 스스로 만들고 있는 것이다. 이것은 용기와 결단력이 결여되어 있기 때문이다. 그 때문에 어떤 일을 조속히 실행에 옮겨서 해결하려

하지 않고 망설이거나 겁을 먹고 그 고통을 몇 배나 가중시키고 있다.

이와 같은 경우에는 반드시 신속히 결단을 내려 행동할 수 있도록 자기 훈련을 해두어야 한다는 것을 누구나 유념해야 할 것이다. 어떤 곤란하고 유쾌하지 못한 일을 하지 않으면 안 될 때에는 남자답게 즉각 그 일에 맞설 수 있는 용기와 결단을 긍지로 하는 것이다. 그것은 자기가 타고 있는 말을, 두려워 하고 있는 그루터기가 있는 곳까지 기민하게 평정을 잃지 않고 끌고 갈 수 있다는 긍지를 갖는 것과 같은 것이다. 극기심을 갖고 있다는 긍지를 갖는 것이다. 그렇게 되면 쓸데없는 일에 망설이거나 두려워하며 비참한 인생을 살지 않아도 될 것이다.

가령 추운 겨울날 아침에 잠자리에서 일어나는 것이든, 어려운 공부를 하는 것이든, 하기 싫은 일을 하는 것이든 모든 일에 즉각 달려들어 해낸다고 하는 습관을 기르도록 하는 것이다. 그렇게 되면 그 일을 해내는 안도감뿐만 아니라 남자다움이나 극기심을 자각할 수가 있다. 그것이야말로 인생에서 가장 통쾌한 것 중의 하나인 것이다.

연로한 농부는 자식들에게 "굳은 장작을 패려면 옹이 한복판을 도끼를 쳐라."라고 항상 가르쳤다. 이것은 훌륭한 처세훈이다.

* 아무것도 바라지 않을 때가 최고의 행복이다. 극히 작은 것 밖에 바라지 않을 때가 그 다음 가는 행복이다. – 소크라테스(470 B.C.~399 B.C. 고대 그리스의 철학자)